新人か

る

大人のための

心理術の使い方BOOK

西島秀穂 著

SOGO HOREI PUBLISHING CO., LTD

はじめに

「心理術」と聞くと、あなたはどのような印象を抱きますか？

心理学を専門で学んだ人しか使えない特殊な技術？

人の心を読む怪しい技術？

ここで私の心理術に対する見方をお伝えしましょう。私は心理術を「人間関係をスムーズにするツール」と見ています。

どうでしょう、「人間関係をスムーズにするツール」と聞くだけで簡単そうに思えませんか？

別の見方をしてみましょう。

たとえば、あなたは職場の上司が苦手だとします。上司が苦手なあまり、職場では極力気配を消し、上司や同僚から隠れるように仕事をしています。そんな職場、窮屈ではありませんか？　そんなとき、心理術はそっとあなたの背中を押してくれます。

上司に報告をするとき、お願いごとをするとき、指導を受けるときなど、さまざまな場面で心理術の出番があります。

また、部下や後輩、取引先の人と接するときや、プライベートで気になる相手と接するときにも心理術は活躍します。

本書は、相手の本音を見破る、苦手な相手を動かす、感情をコントロールするなど、さまざまなシーンで使える心理術のテクニックを400以上紹介しています。本書があなたの生活に寄り添い、お役に立つことができたら幸いです。

西島秀穂

本書の使い方

本書は、日常生活をスムーズに送るためにちょっとしたヒントとなるような心理術を紹介しています。「相手の気持ちを知りたい」「自分の感情を整理したい」「気になる人に振り向いてもらいたい」など、日々の生活でちょっと気になることがあったときに、参考にしてほしいと思います。

全5章で構成、分類されています。

第1章では、しぐさや表情、口ぐせから相手の本音を見破るテクニックを紹介しています。

第2章では、嫌味な上司や生意気な部下など、苦手な人と接するときのポイントを紹介します。

第3章は、誰かにお願いをするときなど、相手を自分の思うように動かすテクニックの紹介です。

第4章は、自分の印象を相手によく伝達するのに効果的なテクニックを紹介します。

第5章では、怒りや幸福感など自分の感情を制御するテクニックを紹介しています。

〈ページの構成〉

本書ではビジネスやプライベートでの人間関係に使える心理術をシチュエーション別に紹介しています。

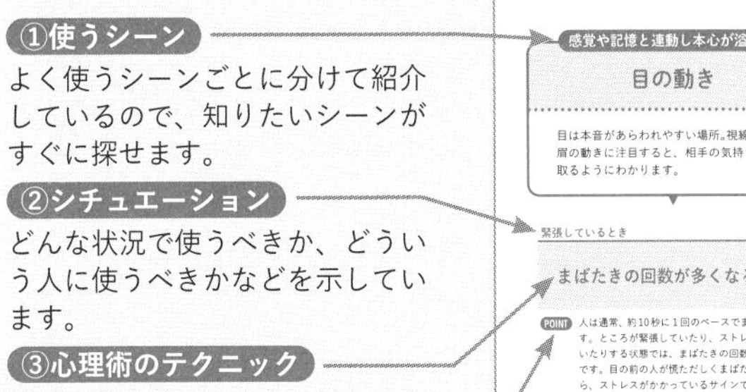

①使うシーン

よく使うシーンごとに分けて紹介しているので、知りたいシーンがすぐに探せます。

②シチュエーション

どんな状況で使うべきか、どういう人に使うべきかなどを示しています。

③心理術のテクニック

相手にも自分にもすぐに使える心理術のテクニックを具体的に紹介しています。

④ワンポイントアドバイス

どのような状況で使うのか、どのように相手を動かすかなどを説明します。

各章の最後に、その章で紹介したテクニックの心理法則をリストアップしています。各章のまとめとして活用してください。

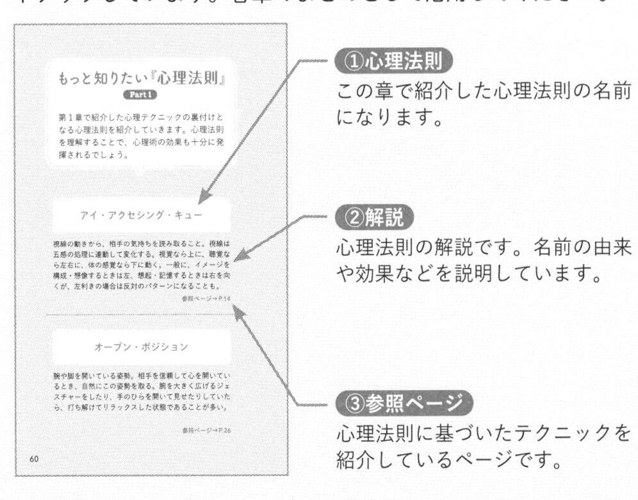

①心理法則

この章で紹介した心理法則の名前になります。

②解説

心理法則の解説です。名前の由来や効果などを説明しています。

③参照ページ

心理法則に基づいたテクニックを紹介しているページです。

CONTENTS

第2章 苦手な相手を操る心理術

第3章 相手を思いのままに操る心理術

第4章 自分の印象をよくする心理術

第5章 感情をコントロールする心理術

ブックデザイン／木村勉
DTP ／横内俊彦
校正／黒田なおみ(桜クリエイト)

第1章

相手の本音を見破る心理術

この章では、他人の“本音”を見破るテクニックを紹介しています。しぐさや表情、口ぐせなど、無意識になされる行動には人の本音が隠れています。心理術を使って、相手の本当の気持ちを見抜きましょう。

感覚や記憶と連動し本心が溢れる

目の動き

目は本音があらわれやすい場所。視線や瞳孔、眉の動きに注目すると、相手の気持ちが手に取るようにわかります。

緊張しているとき

まばたきの回数が多くなる

POINT 人は通常、約10秒に1回のペースでまばたきをします。ところが緊張していたり、ストレスがかかっていたりする状態では、まばたきの回数が増加するのです。目の前の人が慌ただしくまばたきをしていたら、ストレスがかかっているサインです。

興味があるとき

目を見開いて、瞳孔が開く

POINT 「目は口ほどに物を言う」ということわざの通り、目は雄弁に感情をあらわします。興味がある物の前では自然と瞳孔が開くのです。瞳孔の動きはコントロールすることができないため、観察することで相手の本音がわかるでしょう。

対抗心を持っているとき

目を合わせたまま、視線をそらしてくれない

POINT 「目を見て話すことは大切」とは言いますが、ずっと見つめ続けられるとストレスを感じるものです。あなたの目から視線をそらさないときは、「目をそらしたら負け」とあなたに強い対抗心を持っているサイン。感情を逆なでしないようにしましょう。

主導権を握りたいとき

視線を先に外すと、会話の主導権を奪える

POINT 会話中などに相手と目が合ったときには、先に視線を外しましょう。すると、相手の心に「相手に何か失礼なことをしてしまったのかもしれない……」という不安を植えつけ、相手が動揺して受け身になり、話の主導権を奪うことができます。

自分の考えをまとめているとき

上を見ている

POINT 人は何かを思い出している、またはイメージしているときに上を見ます。上を見ているときは、脳が視覚にアクセスしているとき。考えている最中ですので、矢継ぎ早に質問をしたりせずに相手が話し出すのを待ったほうがいいでしょう。

耳をすましているとき

目が左右に動く

POINT 左右に動いているのは、音を注意深く聞こうとしていたり、音のイメージを思い描いているとき。脳が聴覚にアクセスしようとしています。相手が周囲の音を聞いているようなら、なるべく音を出さないように協力しましょう。

話しかけられたくないとき

下を見ている

POINT 身体的な違和感や過去の実体験を思い出したり、イメージしたりしているときや、退屈や緊張を感じているときには、下を見ることが多くなります。外部からの情報を遮断したいときに、自然と下を向いてしまうようです。

未来のことを考えているとき

右上を見ている

POINT 右上を見ているときは、未来のことを考えている状態です。未知の情報をイメージするため、嘘をつくときにも右上を見ることがあります。また、よく右上を見るくせがある人は論理的な思考の持ち主で、理系の人が多いと言われています。

過去のことを考えているとき

左上を見ている

POINT 左上を向いているときは、過去の記憶や体験を思い出してイメージしている状態です。また、よく左上を見るくせがある人は直感的に物事を考える傾向があり、芸術家タイプの人が多いと言われています。

音に集中しているとき

右横を見ている

POINT 右横を見ているときは、その場で聞いたことのない音が起き、その音に対するイメージを膨らませているときです。音に集中していますので、相手がより集中できるように配慮してあげましょう。

情報を思い出そうとしているとき

左横を見ている

POINT あなたが質問したときに、相手が左横を見ていたとしたら、質問への答えを自分の記憶の中から思い出そうとしているということです。すでに知っている経験や音、イントネーションなどの中から情報を探すときに左横を向く傾向があるのです。

感覚を思い出そうとしているとき

右下を見ている

POINT 右下を見ているときは、身体の変化、たとえば触覚や味覚といった感覚や、それらを体験したときの感情に意識を向けています。また、過去の感情や体験を思い出しているときにも同様の傾向があり、自身の情報にアクセスしようとしているイメージです。

自己対話をしているとき

左下を見ている

POINT 左下を見ているときは、自己と対話をしています。頭の中で自分自身と話し合い、答えを導こうとしていたり、嘘をつこうとしてあれこれ考えていたり、なんてことも。また、独り言をつぶやいているときにも、左下を見る傾向があります。

相手を疑っているとき

目つきが鋭くなる

POINT 相手に対して不快感を覚えているとき、目つきが鋭くなります。鋭い目つきで近づいてくる人は、相手を威嚇しようとしています。また、会話の中で相手の目つきが鋭くなったら、話の内容を疑われていたり不快に思われていたりする可能性が高いです。

相手に服従しているとき

上目遣いで見る

POINT 「上目遣い」と言われる、相手の顔を下から見上げるような視線は、相手への服従の意思のあらわれです。恋人同士などの特に親しい間柄の場合は、甘えたいという気持ちを示すこともあります。

嫌悪感を抱いているとき

眉間がピクリと動く

POINT 人はイライラしているときや、嫌いな人やものを見たときに、皺眉筋（すうびきん）という筋肉が無意識に動き、眉間がピクリとします。反対にリラックスしているときや、好きな人やものの前では、頬がゆるみます。人と会ったら相手の眉間と頬に注目してみましょう。

見るだけで本心が伝わってしまう

口・鼻の動き

人は興奮すると、鼻の穴が動いたり、唇を動かしたりします。口と鼻が動くときには、感情と関連していることが多いのです。

作り笑いをしているとき

目は開いたまま、口だけで笑っている

POINT 相手が作り笑いをしているか、本心から笑っているかは、相手からあなたへの好意の度合いを計る基準になります。本心から笑っているときは口角が上がり、目が細くなります。一方、作り笑いは、目は開いたままで口角だけが上がります。

ストレスを感じているとき

口を真一文字に結んでいる

POINT ストレスがかかると、人は無意識に筋肉をこわばらせます。それがわかりやすくあらわれるのが口です。口を真一文字に結んでいたら、高い確率で不安や怒り、緊張などのストレスを感じているでしょう。

興味があるとき

唇をなめている

POINT 目の前のことに興味を持っているときは、ストレス状態のときとは反対に口がゆるみ、唇をなめるというサインが出ることもあります。また、唇を噛んでいるときは、不満を感じていたり何かを我慢していたりするかもしれません。

苦手な相手と会ったとき

反射的に作り笑いをしている

POINT 相手があなたに苦手意識を持っているかどうか、すぐに見分ける方法があります。偶然を装って、すれ違いざまに挨拶してみましょう。そのとき、相手が反射的に作り笑いをしたら、無意識のうちにあなたへの敵意を隠そうとしているのかもしれません。

興奮しているとき

鼻の穴が小刻みに動いている

POINT 人は興奮していると、呼吸が激しくなります。たとえ相手が興奮を悟られたくないと思っていても、鼻の穴に注目すると、呼吸が激しくなって鼻の穴が小刻みに動いていればすぐわかるでしょう。

知らず知らずのうちに本音がバレる

しぐさ・くせ

何気ないしぐさやくせも、相手の本音を読み解く大切なヒントになります。見落としてしまわないように注意しましょう。

後ろめたいことがあるとき

手や足の動きが小さくなる

POINT 手足の動きが小さくなったときには、自分の存在感を消そうとしているサインです。これは、後ろめたい気持ちがあり、それを相手に悟られまいとして無意識にしてしまう行動だと言われています。

本心を見せない人

いつもポケットに手を入れている

POINT 習慣的にポケットに手を入れている人は、自分のプライバシーを過度に守りたがる、秘密主義者なことが多く、なかなか本心を明かしてくれません。そのような相手は、警戒心を解くまでに時間がかかることも。じっくりと向き合う覚悟でいきましょう。

警戒しているとき

首をすぼめて話している

POINT 首は、人にとって急所です。その急所をすぼめて隠しているということは、相手を信頼できず、警戒している心理があらわれています。反対に、首元を見せているという人は、相手に好意を抱いている可能性があります。

壁を作っているとき

両手の指を絡ませている

POINT テーブル越しに話すときは、相手の指にも注目しましょう。テーブルの上に出していて、両手の指を組んでいたら、警戒していて、自分の身を守ろうとしています。心理的な壁を作られているため、慎重に話すようにしましょう。

集中したいとき

ボールペンを何度も繰り返しノックしている

POINT 会議や仕事中に、ボールペンをやたらとノックする人を見たことがありませんか？　他の人からすると耳障りな行為かもしれませんが、本人は集中力を高めている状態です。むやみに注意したりせず、そっとしておいたほうがいいでしょう。

拒絶しているとき

脇に手を挟む腕組みをしている

POINT 腕組みは、人の心理があらわれやすい行動です。中でも脇に手を挟み、体を抱え込むような腕組みをしている人は、自分の身を守るために、あなたのことを拒絶している可能性が高いと言えるでしょう。

自分を大きく見せたいとき

腕組みをしながら、体を反らせる

POINT 腕を組むと上半身が強調されます。そのため、自分のことを強く、大きく見せたいと思っている人は、腕組みをするときに顔が上を向き、体を反らせることが多くなります。特に男性に多い行動です。

強いストレスを感じているとき

水をたくさん飲んだり、大きなため息をついたりする

POINT 強いストレスを感じているときや、緊張する場面が終わった直後などは、頻繁に水を飲んだり、頬を膨らませて息を吐いたりします。無意識に行われる、「なだめ行動」と呼ばれる行動の１つです。

苦手な相手といるとき

男性は肩が平行に、女性は肩が上がる

POINT 苦手な相手といるときは警戒心を抱くため、男性は隙を見せないように身がまえ、肩が平行になります。反対に女性の場合は、相手から遠ざかりたいという心理が働き、肩が上がってしまうのです。

怒りを感じているとき

あからさまな咳払いをしている

POINT 変に大きな咳払いをされたら、相手がイライラしているサインでもあります。相手は怒りをあなたに伝えようとし、威嚇しているのです。無理に会話を長引かせず、離れることで穏便にすませましょう。

寝相でわかる性格①

仰向け寝は自信家

POINT 王様のように仰向けで堂々とした姿勢で寝る人は、自信家でおおらかな性格の持ち主という傾向があります。このタイプの人は隠しごとが得意ではなく、周囲に対して開けた心を持っているでしょう。

寝相でわかる性格②

うつ伏せ型は真面目

POINT 布団にうつ伏せになって寝る人は、几帳面で真面目な傾向があります。このタイプは、あらかじめ計画を立てて、その通りに進めることが得意です。ただし、何でも自分の思い通りに進めたいという自己中心的な一面もあります。

寝相でわかる性格③

囚人型はストレスを抱えている

POINT 横を向いて、拘束されているかのように手首や足首を交差させて寝る姿勢を、囚人型と呼びます。この姿勢で寝ている人は、人間関係や仕事によるストレスを抱えているかもしれません。当てはまる人は自分の心のうちを振り返ってみましょう。

寝相でわかる性格④

胎児型は依存心が強い

POINT 胎児のように体を丸めて寝ている人は、誰かに守ってもらいたいという心理があり、依存心が強い傾向があります。そのため、自分の殻にこもりやすい性格ではありますが、一度仲良くなった人とは深く付き合うタイプでもあるでしょう。

寝相でわかる性格⑤

半胎児型は要領がいい

POINT 胎児型よりも背中が丸まっていない寝相、半胎児型の人は、バランスが取れた性格の持ち主という傾向があります。やや優柔不断なところもあるものの、物事をスムーズにこなす要領のよさが特徴です。

寝相でわかる性格⑥

スフィンクス型は攻撃的

POINT うつ伏せでひざを折り、背中を丸めるスフィンクスのような姿勢で寝る人は、寝ることそのものを潜在的に拒否しています。眠りが浅く、覚醒時にやや攻撃的になる一面があるでしょう。小さな子どもによく見られる寝相でもあります。

座り方や歩き方で本心が見える

座る・歩く

普段、無意識にしている行動にこそ、人の本音があらわれます。さりげなく観察して、相手の本音を探りましょう。

安心しているとき

足を開いた姿勢で座る

POINT 足の向きや動きというのは、普段からなかなか意識できるものではありません。それだけに、潜在意識が反映されやすい部分。足を開いているのは、力んでおらず、リラックスしているサインなのです。

警戒しているとき

足を閉じた姿勢で座る

POINT 相手が固く足を閉ざしている場合、あなたのことを警戒していて、不安や緊張を感じている可能性が高いでしょう。また、逆に足をだらしなく投げ出しているときは、相手を見下しているかもしれません。

相手が興味があるか知りたいとき

つま先が向いている方向を見る

POINT 相手のつま先があなたのほうを向いていたら、それはあなたの話に興味を持っているサイン。反対に、あなたのいる方向とは別の方向を向いていたら、あなたの話に興味を持っていない可能性があります。

拒絶しているとき

つま先トントンは強い拒絶のサイン

POINT 相手がつま先を上げ下げして床を「トントン」と鳴らしていたら、拒絶のサインです。反対に、かかとを上げ下げする、「貧乏ゆすり」は、緊張や不安を抑えている行動。足先の動きに注目しましょう。

話に興味があるとき

前傾姿勢になる

POINT 興味がある話題が出たり、興味がある人と話したりするときには、人は無意識に姿勢が前のめりになります。反対に、興味がない話題では体をのけ反らせます。姿勢は体のパーツよりも観察しやすいので、話しながら観察してみるといいでしょう。

敵対心を抱いているとき

胸を突き出すようにしている

POINT 胸を前に突き出すと、体を大きく見せることができます。相手が無意識にこの姿勢を取っていたら、あなたに対して敵対心を抱いているかもしれません。冷静に対応して、刺激しないようにしましょう。

緊張しているとき

椅子に浅く腰掛けている

POINT 椅子に浅く腰掛けている人は、無意識にすぐにその場から逃げ出せる体勢を取っています。本音を引き出しにくい状態ですので、まずは相手にリラックスしてもらえるように、場の空気を作りましょう。

話に飽きているとき

頻繁に足を組み直す

POINT 足を組むくせがある人は多くいますが、会話中に頻繁に組み方を変えていたら、相手は話に飽きているということかもしれません。そんなときは、話題を変えるか、話自体を切り上げてしまいましょう。

意見が対立している人

正面に座ってくる

POINT 空席が十分に残っているにもかかわらず、あえて正面に座ってくる人は、あなたに対して不満や言いたいことがあるかもしれません。座った人の性格や過去の発言から、内容を推理し、反論がきた場合の切り返し方を考えましょう。

好意があるとき

組んだ足が自分の方向を向いている

POINT 隣り合って座っているときに、相手が足を組んでいたら、組み方に注目してみましょう。上になっている足が自分のほうを向いていたら、あなたに心を開いているサイン。逆を向いていたら、警戒心を抱かれている可能性が高いでしょう。

マイペースな人

早足で歩く

POINT よほど急いでいたりしない限り、歩くスピードにはその人の性格があらわれます。早足で歩く人は、自分のペースを大切にするマイペースな人。反対に、ゆっくりと大股で歩く人は、さまざまなことを見渡すリーダー気質な人です。

的確なひと言が心をつかむ

会話中のしぐさ

相手の本音を知りたいなら、会話をしているときの手や体の動きに注目しましょう。実はいろいろな情報が隠されているのです。

心を開いているとき

手のひらを見せながら話している

POINT 相手があなたに向かって手のひらを見せながら話しているときは、気を許し、親近感を抱いています。このときは、すでに信頼関係が築けているので、より踏み込んだ話をしても拒絶されにくいでしょう。

感心しているとき

あごに手を当てている

POINT 相手があごに手を当てているときは、あなたの話に同意し、感心している可能性が高いです。ただし、相手を疑っているときにこのしぐさをする人も多いので、声色や目線なども総合的に考えて、そのあとの話の展開を考えてみましょう。

不安を感じているとき

髪や体を触りながら話している

POINT 不安やストレスを感じているとき、無意識に髪や体を触ってしまう人も多くいます。会話中に相手がこの行動を取ったら、不満があるのかもしれません。何か気になっていることがないか、さりげなく探って不安の解消に努めましょう。

疑っているとき

後頭部に手を当てている

POINT 後頭部に手を当てている人を見ると、リラックスしていたり、照れていたりするのではないかと考えがちですが、それだけではないかもしれません。手を頭の後ろに持っていくときには、相手のことを警戒していることもあるのです。

冷静になろうとしているとき

額に手を当てている

POINT 額の近くには思考を司る前頭前野があります。緊張し、冷静な思考を取り戻そうとしている人は、無意識に額を触ることで、頭の血流をよくして、判断力を高めようとしている可能性があります。

飽きているとき

頻繁に耳を触っている

POINT 会話中に耳を触っている人は、相手の話に退屈してしまっている可能性があります。しきりに触っているようなら、すでに関心がなく、熱心に同じ話題を話し続けても無駄かもしれません。話題を変えるなどの工夫をしましょう。

不快に思っているとき

拳を握りしめている

POINT 手は、感情をストレートにあらわす部位でもあります。拳を強く握っているときは、不快感を感じ、拒絶しているサイン。手のひらの動きに関してはパーはOK、グーは拒絶と覚えておきましょう。

頼られているとき

唇に触れたり、爪を噛んでいる

POINT 口元に手を当て、爪を噛んだりするしぐさは、ストレス解消の一種。精神的に自立していない人が、この行動を取る傾向にあります。目の前の相手が爪を噛んでいたら、無意識にあなたを頼ろうとしているのかもしれません。

隠しごとをしているとき

唇の端を触っている

POINT 会話をしている相手が顔を触っている場合、触っている場所で相手の本音がわかることがあります。唇の端を触っていたら、隠しごとをしているサイン。他にも、眉間に手を当てているときはイライラしている、といった行動にも注意です。

見下されているとき

あごを上げて話している

POINT 話すときにあごを上げることは、相手に威圧感を与えます。自分では気づきにくいですが、もし人から「あごを上げている」と指摘されたら、不用意に敵を作らないためにもやめたほうが賢明でしょう。

話を切り上げたいとき

指で机をたたいている

POINT 相手が「トントン」と音が聞こえるぐらいの大きさで指で机をたたき始めたら、早く話を切り上げたほうがいいでしょう。あなたの話に飽きてイライラしているため、無意識に出てしまっている行動です。

相手の気持ちを向ける方法

話し方

話し方には、本音がわかりやすくあらわれます。話題の選び方や質問によって、相手の本音を聞き出すことができるでしょう。

話を誇張しているとき

ジェスチャーが大きい

POINT ジェスチャーが大きすぎる人の話は、話半分に聞いておいたほうがよいかもしれません。適度なジェスチャーは誰でもするものですが、あまりにも大きいと、興味を引くことに一生懸命で自分に酔っている可能性があるからです。

不安を感じているとき

早口で声が高くなる

POINT 嘘をついていたり、やましいことを隠していたりすると、それを気づかれないようにしようと、ついつい早口になってしまうことがあります。相手が急に早口になったら、不意に質問をしたり、一度沈黙してみたりして、相手のペースを崩してみましょう。

嘘を見破りたいとき

話の流れとは関係なく、突然予想外の質問をする

POINT 相手の嘘を見破りたいときは、見破りたい嘘とは関係のない会話をしているときに、突然質問をしてみましょう。たとえば、浮気を疑っていたら、その日の出来事などの世間話をしつつ、突然「ところで、○日はどこにいたの？」などと質問をします。

本音を引き出したいとき

「ひょっとして」をつけて予想外の質問をする

POINT たとえ、相手が動揺するような核心を突いた質問を投げかけても、本当のことを答えてくれるとは限りません。本音を知りたいときには、「ひょっとして○○じゃない？」などと、あくまで仮定の話をしているという体裁で問い詰めてみましょう。

後ろめたいコンプレックスがある人

他人の陰口をよく言っている

POINT 他人の陰口が好きな人が、あなたの周りにもいるかもしれません。その人たちは、実は強いコンプレックスを持っている可能性があります。悪口を言っている他人に、自分自身を投影して話している場合があり、嫌悪のふりをしているのです。

ストレスがたまっているとき

独り言が普段より増える

POINT 独り言が増えているときは、気づかないうちに心身にストレスがかかっている可能性があります。独り言として考えていることを発散して、精神的なバランスを保っているのです。身近に独り言が増えた人がいたら、リフレッシュを提案してみましょう。

自信がないとき

昔の自慢話をしてくる

POINT 頭のよさや、異性からの人気など、過去の栄光を自慢したがる人は多いもの。こうした人の多くは、現在の自分に自信がないため、過去のうれしかった記憶をよみがえらせているのです。さりげなく聞き流して会話を終わらせるといいでしょう。

理屈っぽい人

難しい言葉を使いたがる

POINT 難しい言い方や専門用語、抽象的な言い方など、理解が難しい言葉を好んで使う人は、自分に自信がない傾向にあります。自分をよく見せようとして、自分の能力以上のアピールをしているのです。

警戒心が強い人

仲良くなっても
丁寧すぎる敬語を使う

POINT なかなか敬語が抜けない人や、丁寧すぎて回りくどい話し方をする人は、警戒心が強いタイプです。どれだけ長く付き合っても親密になるのは難しい可能性があります。警戒心を解く方法を考えるか、無理に付き合うのをやめるといいかもしれません。

人目を気にしているとき

謝るときに言い訳をする

POINT 自分の非を認めず、言い訳を重ねる人は、他人の目を気にする自己保身タイプの人が多い傾向にあります。一方で、素直に謝ることができる人は、他人から好感を持たれるものです。言い訳をする人がいたら、自分の反面教師としましょう。

自分勝手な人

店員や知らない人に
横暴な態度で接する

POINT 知り合いへの言動よりも、赤の他人への言動は、その人の本音を知る上で大切な情報です。知り合いには優しくとも、店員に横柄な物言いをしている、人ごみをかき分けて、「邪魔だ」などと悪口を言うなど、実は自分勝手な人であることもあります。

自分をアピールしたがっている人

男性で一人称を多用している

POINT 一般的に男性は、好きな相手の前では一人称を多用する傾向があります。「俺は」「僕は」としきりに言っていたら、相手の気を引こうとして、自分のことをアピールしている可能性があります。

幼くて子ども心が抜けていない人

一人称を自分の名前にしている

POINT 女性で一人称を自分の名前にしている人がいます。こういうタイプの人は、子どものときの習慣が大人になっても残っており、幼さが抜けきっていないのです。もしかすると、人生に対して甘えを持ち続けているのかもしれません。

嘘を見破りたいとき

イエス・ノーで答えられない質問をする

POINT 相手が嘘をついている疑いがあれば、イエスかノーで答えられない質問をしてみましょう。たとえば、「昨日は出かけていた？」よりも「昨日は誰といたの？」と聞くと、嘘をつかれたときに相手の表情の変化に気づきやすいのです。

相手の話が疑わしいとき

時系列とは逆に話してもらう

POINT 嘘をついているかもしれない相手には、簡単に考えられない質問が有効です。出来事が起きた順番と逆に質問をしていくと、ボロが出やすくなります。聞かれていないことまで答える、やたらと早口になるなども嘘をついているサインとなります。

無意識に本音が漏れるとき

言い間違いや、聞き間違いをする

POINT 人には無意識の言動に影響を及ぼす「潜在意識」があります。言い間違いや聞き間違いは、この潜在意識と関係しています。たとえば、「浮き輪」と「浮気」を聞き間違えるなど、似た響きの言葉に過剰反応する場合には要注意です。気まずいとき

話を早く終わらせたいとき

携帯電話をしきりに触っている

POINT 他の人と会話しているときに携帯電話を触っているのは、気まずい、その場から逃れたいという心理のあらわれ。いましている会話の話題を変えるか、話そのものを打ち切ったほうがいいかもしれません。

そのひと言から本音が透ける

口ぐせ

口ぐせには、その人が普段考えていることや性格があらわれます。身近な人に当てはめて考えてみましょう。

自信過剰な人

「つまり」「要するに」とまとめたがる

POINT 話をしていて、求めてもいないのに「つまり」「要するに」と話をまとめたがる人は、自意識過剰で分析好きな傾向があります。話の着地点を自分の都合のいいように誘導したがっているかもしれません。

自分を守りたい人

「とりあえず」「一応」を話の最初につける

POINT 「とりあえず」「ひとまず」といった言葉を頻繁に使う人は、自分に自信がなく、自分を守りたがっている傾向があります。どのような意図があろうと、相手にいい印象を与える言葉ではありません。

用心深い人

「でも」「だけど」と反論ばかりする

POINT 相手の話を受けて、「でも……」や「とはいっても……」などと反論ばかりする人は、慎重で用心深い傾向があります。しかし、そればかりではネガティブな印象になりやすく、さらに反論が続かなければ無責任な印象にもなってしまうでしょう。

自己主張が激しい人

「すごい」「絶対」と自分の話を強調する

POINT 「すごいおすすめ」「絶対いい」などと過剰に強調する人は、無意識に自分をアピールしたいと思っている傾向があります。また、あまり物事を深く考えず、相手によく思われたい一心で、強調表現を使っているかもしれません。

自己主張が苦手な人

「なんか」「みたいな」と曖昧な言葉を使う

POINT 言葉の始めに「なんか～」とつけたり、話の終わりに「～かも」や「～みたいな」などの曖昧な言い方したりすることが多い人は、自己主張が苦手な傾向があります。周囲との対立を避ける平和主義者である反面、不真面目な印象を持たれやすいです。

臨機応変な思考ができる人

「やっぱり」を多用する

POINT 話の中で「やっぱり」を多用する人は、物事を臨機応変に考えることができるタイプです。幅広い考え方ができ、頼りになる反面、考え方が一貫していないという面もありますので、注意が必要でしょう。

依存心が強い人

「ええと」「あの」などの意味のない言葉を多用する

POINT 「ええと」や「あの」などの言葉を多用する人は、周囲からの注目を求めている傾向があります。また沈黙を恐れて、何か言わなければと焦っていることもあります。周りの反応を気にするタイプなので、肯定してあげることによって信頼が深まります。

情報を引き出そうとしている人

「ここだけの話」から話し始める

POINT 「ここだけの話」と言って、自分の秘密を開示してくる人は要注意。自分から秘密を話す人は、無意識のうちに「あなたの秘密も教えて」と要求している可能性があります。よほど相手を信頼していない限り、話を聞くだけにとどめましょう。

傲慢な人

「だから」と話を遮り強引に話題を変える

POINT 「だから」は話の腰を折り、強引に話の主導権を奪う言葉です。よく使う人は傲慢で身勝手なことが少なくないため、頻繁に他人と衝突するので、なるべく距離を取るほうがいいでしょう。

自分を過大評価している人

「大変だった」と苦労話をする

POINT 「あのときは大変だったよ」といったような苦労話をしたがる人は、自分のことを過大評価している傾向があります。周囲から労ってもらうことで、自分の実力や経験を再評価したいという心理です。

几帳面で融通が利かない人

「さて」から話し始める

POINT 「さて」と言ってから話を始める人は、几帳面なタイプ。場の空気や秩序を重んじる反面、融通が利かないという一面もあります。また、話を聞いていなかったり、自分のペースに持ち込もうとして、場を仕切り直すために使う人もいます。

自分の意見が一番大事な人

「というか」で話し始める

POINT 「というか」は、相手の意見にイエスともノーとも言っていない表現です。この言葉を使う人は、「他人の話は聞きたくないけれど、自分の意見は周囲に聞いてもらいたい」と考えていることが多く、自己中心的なタイプです。

アイデアが豊富な人

「意外と」で話を展開する

POINT 「意外と」が口ぐせの人は、イレギュラーな意外性のあることを好む傾向があります。つまり、日常の中から普通とは違った視点で物事を見ることができるアイデアに溢れた人でもあります。ただし、周囲の人が振り回されてしまうこともあるので要注意。

他人に期待している人

「何でもいいよ」と答える

POINT 「何でもいいよ」が口ぐせになっている人は、本心では何でもいいと思っていないことが多いです。自分の好みを相手が知ってくれていると思い、自分の好みに合わせてくれることを期待しています。

自己顕示欲が強い人

「私は」「俺は」「僕は」と自分を強調する

POINT 自分の意見を言ったあとに「私はそう思う」などと強調する人は、「自分は他の人とは違う」という意識が強いです。また「私って○○だから」のように自分を定義する人は、「周りからこう見られたい」「こういう自分でありたい」と思っています。

自分に自信がない人

自分の意見や感想に「ちょっと」と付け足す

POINT 自分の意見や感想を話すときに「ちょっと」を多用する人は、自分を抑えようとしています。自分に自信がなく、感情や考えを人前にさらけ出すことにためらいがあるタイプです。

人はどうして嘘をつくのか

嘘をつく

誰しも一度は、嘘をついてしまったことがあるでしょう。もし相手から嘘をつかれたら、その理由を考えてみましょう。

とっさに嘘をつく理由

その場逃れをしたいから

POINT 後ろめたい気持ちがあり、とにかくその場をしのぎたいときには、つい嘘をついてしまう人もいるのではないでしょうか。実際にはやっていないことですが、とっさに「やった」と言うなど、反射的に嘘をついてしまったことがある人もいるのでは？

実際より大げさに話す理由

見栄を張っているから

POINT 自分をよく見せようと見栄を張ろうとするとき、人は嘘をつきます。仕事の成果や趣味の実力を盛る、恋人がいないのに「いる」と言い張るなど、大人にも子どもにも見られる身近な嘘のつき方です。

優しい嘘をつく理由

思いやりがあるから

POINT 相手のことを思い、真実によって相手を傷つけないためにつく嘘です。一見、いい嘘のようにも見えますが、嘘をつかれた相手は傷つきますし、何より嘘をついたことで自分自身にストレスがたまります。

不都合なことを隠す理由

利害関係を気にしているから

POINT 金銭や仕事の出世が関係しているなど、利害関係がある人に対してつく嘘。自分が得をしたり、有利に物事を進めたいときについてしまいます。バレたときには不誠実な人として、周囲からの信頼も嘘をついてまで得たものも失ってしまうでしょう。

失敗を隠す理由

罪を隠そうとしているから

POINT 自分のしてしまった悪いことを隠すための嘘です。子どもがイタズラを隠すときがわかりやすい例ですが、大人でも罪隠しの嘘は使われています。たとえば、企業による粉飾決算や上司に怒られるのが嫌で自分のミスを隠してしまうなどがあります。

嘘の経歴を話す理由

有利な待遇を受けたいから

POINT 自分の経歴を詐称し、有利な待遇を受けたいときにも嘘をつきがちです。学歴や職歴、仕事での実績が多く、経歴以外にも能力を偽る人もいますが、最悪の場合、懲戒解雇されることもありえるでしょう。

言い訳をする理由

合理化のため

POINT 約束が守れなかったときや、物事に失敗したときなどに、もっともらしい言い訳をしようとして、嘘をついてしまうのです。相手が納得し、嘘だとバレないことも多いかもしれません。

気づかないうちに嘘をつく理由

勘違いをしているから

POINT 故意ではなくても、結果として嘘をついてしまっていることもあります。これは、人から誤った情報を教えられていたり、自身の知識・経験不足から、間違ったことを言ってしまったりしたときの嘘です。

味方になってほしい人に嘘をつく理由

相手に甘えているから

POINT 相手に対して、自分を理解してもらいたい、味方になってほしい、そんなときにつく嘘です。相手に甘え、依存している間柄のときに見られます。被害者のふりをして、周囲からの同情を得ようとします。

予防線を張る理由

トラブルを避けるため

POINT 人と交わした約束を守れなくなったときに、理由をつけて断る場合につく嘘や、プライドが高く、自分が傷つかないために、相手からの信用や約束に対してのハードルを下げようとする嘘が当てはまります。

ふざけた嘘をつく理由

冗談・からかいのため

POINT 冗談で言う本当のことではない話も、嘘ということになります。しかし、これは親しい人同士で交わされて、笑ってすまされることが多い「おふざけ」です。嘘はバレるまでに時間がかかることもありますが、冗談は基本的にその場かぎりです。

見た目は力強い発信力がある

身だしなみ

服装の趣味から、相手の性格や本音がわかります。服だけでなく、髪型やアクセサリーにも注目してみましょう。

束縛したがる人

恋人とお揃いを好む

POINT お揃いの服やアクセサリーを好む人は、縄張り意識や束縛欲求の強い人である可能性があります。恋人とお揃いのものを他の人に見せることで、自分と恋人の関係を周囲にアピールしているのです。

自信がない人

派手な服を好む

POINT 派手な服を好む人の中には、自分に自信がなく、他人とのコミュニケーションに苦手意識を持っているという人もいます。見た目の派手さとは裏腹に、コンプレックスを抱えているのかもしれません。

周りに流されやすい人

流行の服ばかり着ている

POINT テレビや雑誌、インターネットで紹介されている流行の服にすぐに飛びつく人は、周囲との同調心理が強く働いています。「みんなと一緒がいい」「置いていかれたくない」といった感情によるものですが、流されやすいだけという可能性もあります。

見栄っ張りな人

アクセサリーが好き

POINT アクセサリーをたくさん身につけている人は、自分に自信がなく、見栄を張りたいという気持ちが強い場合があります。反対に、数少ないアクセサリーをこだわって使う人は、頑固な傾向があることも。

自意識過剰な人

帽子が好き

POINT 部屋の中でも被るほど、帽子が好きな人は自意識過剰な傾向があります。他人の目を気にしているうえに自分の個性を大切に思っていて、なおかつ自分をよく見せたいという欲求を強く持っているのです。

他人からの注目を求めている人

髪型をよく変える

POINT 髪の色や長さを頻繁に変える人は、他人の目をとても気にしていたり、周囲からの注目を集めたがっている傾向があるかもしれません。また、自分自身の境遇に不満があり、そんな自分を変えたいという思いを持っていることも特徴のひとつです。

内向的な人

髪で耳を隠す

POINT 髪で意図的に耳を隠している人は、内向的な傾向があり、1人でいることを好み、周囲との関わりを極力減らしたいと考えています。または自分の世界に踏み込まれたくない場合や、コンプレックスを隠している場合にも当てはまるでしょう。

柔軟で自由な人

バックパックを好んで使う

POINT バックパックは両手が自由に使えるので、利便性が高いバッグです。このバッグを愛用している人は、仕事とプライベートのどちらかに偏ることなく、柔軟な発想ができる自由人が多い傾向があります。

マイペースで活動的な人

大きいショルダーバッグを好んで使う

POINT 普段から大きいショルダーバッグを肩や腕にかけて使っている人は、おおざっぱで細かいことは気にしない、活動的なタイプです。仕事でもプライベートでも、周りの人に合わせすぎることなく自分のペースで物事を進めようとする傾向があります。

劣等感が強い人

芸能人と同じ髪型にする

POINT 好きな有名人の髪型だけでなく、言動や持ち物を真似する人もいます。これは自信のなさや劣等感の裏返しです。あこがれの人と一体化したような気持ちになることで、自分に対する否定や不安が取り除かれ、安心感や自信を得ることができるのです。

コンプレックスが強い人

こまめに鏡で服装をチェックする

POINT 鏡で自分の姿を何度も確認している人は、一見ナルシストのようにも思われますが、実はコンプレックスを服装で隠している場合もあります。しっかり隠れているか確認したり、取り繕った外見を見て自信をつけたりしているかもしれません。

私たちの行動に大きく影響する色

好きな色

身の回りのものや、つい選んでしまう服の色などに、その人の本音があらわれます。お気に入りの色からその人の心理がわかります。

エネルギッシュな人

赤が好き

POINT 赤は積極性や行動力をあらわす色です。この色が好きな人は、エネルギッシュで積極性がある反面、感情の動きが激しいという特徴もあります。そのため情緒不安定になることも多く、周囲の人はその度に振り回されているかもしれません。

上昇志向が強い人

黄色が好き

POINT 黄色が好きな人は、上昇志向が強いという特徴があります。他にも社交性にあふれ天真爛漫、知的好奇心が強いという一面もあります。新しい物好きですが、その反面、飽きっぽい性格でもあるでしょう。

穏やかな人

青が好き

POINT 青が好きな人は、知的さを好み、穏やかで思慮深い人が多い傾向があります。調和を重んじ、目上の人の意見を尊重します。冷静沈着で安定した気持ちを持っているので、サポート役として集団の中でも重宝される性格といえるでしょう。

感受性が強い人

紫が好き

POINT 紫が好きな人は、感受性が強く、洞察力に優れています。高貴なものへの憧れもあり、ひとつひとつの物事を真剣に考える力があります。ただし、少し自信過剰の一面も見えるかもしれません。

明るく真面目な人

白が好き

POINT 白が好きな人は、明るく、努力を惜しまない真面目な性格を持っている傾向があります。他人に頼らない自立した性格の持ち主で、１人の時間を大切にする一面もありますが、どんな色とも調和する白は家族思いな面も象徴しています。

忍耐強い人

グレーが好き

POINT グレーが好きな人は、忍耐強さが特徴です。そのため、人の役に立つ縁の下の力持ちのようなポジションを買って出ることも多くあるでしょう。ただし、ときに自己中心的な性格が見え隠れするので注意。

意思が強い人

黒が好き

POINT 黒が好きな人は、感受性が強い傾向があります。強い意思を持っていて、自分の考え方を明確に持っている人が多いのも特徴です。そのため、人を寄せ付けにくかったり、他人から指示されることを嫌ったりすることもあるでしょう。

快活な人

オレンジが好き

POINT オレンジが好きな人は、快活で人から好かれやすい傾向があります。人間関係では、広く浅い交友を好み、さまざまなコミュニティに顔を出すタイプです。カリスマ性もありますが、行きすぎると支配欲のかたまりのようになってしまうこともあります。

誠実な人

緑が好き

POINT 緑が好きな人は、寛容で誠実、自分なりの軸を持っていてぶれない性格です。ただし、ぶれないとは、言い換えると保守的であるとも言えます。また、繊細な性格を持っていますが、おしゃべりな一面も。

穏やかで安定した人

ピンクが好き

POINT ピンクが好きな人は、穏やかで安定した精神を持っている傾向があります。高潔であり、負けず嫌いで理想を大切にする一面も。また、他人に尽くす行動力がある反面、少し依存心が強い面もあります。

冷静沈着な人

茶色が好き

POINT 茶色が好きな人は、冷静沈着な親分気質。世話好きで、頼りになる性格ですが、裏を返せば、おせっかいな一面もあります。しかし本心を隠しがちなところもあるので、自分の気持ちをストレートに表現することは少し苦手な人が多いでしょう。

冗談は人間関係の潤滑油

冗談が通じない人

冗談に笑ってもらえないと、不安になるかもしれません。冗談が通じにくい人の性格を知れば、その人の本音がわかります。

冗談を真に受けてしまう人①

豊かな想像力を持っているから

POINT 想像力が豊かな人は、冗談を真に受けてしまうことが多いのです。「私、プロ野球選手になったんだ」というような、すぐに冗談だとわかるようなことでも、本当のことのように信じてしまいます。

冗談を真に受けてしまう人②

騙されやすいから

POINT 冗談とは、ユーモアのある嘘のことです。嘘を信じやすい人は、人から騙されやすいという特徴を持っています。決断に時間をかけたり、人の意見をよく聞くようにしたりすると、騙されるのを防ぎ、冗談もわかるようになるでしょう。

冗談を無駄だと考える人

他人に興味を持っていないから

POINT 他人に興味を持っていない人は、コミュニケーションをただの情報のやり取りだと考えがちです。そのため、その場の雰囲気を和ませる冗談は不必要な情報だと判断してしまい、冗談が通じないのです。

冗談の意味がわかっていない人

冗談の背景にある知識を持っていないから

POINT そもそも冗談は、お互いに共通の認識があって初めて通じるものです。外国人や世代の違う人など、持っている知識や育ってきた文化があまりにも違う人との会話では、冗談は通じにくくなります。

冗談をやり過ごす人

冗談を言える関係だと思っていないから

POINT 相手に心を許していないと、「相手は冗談を言って笑い合える関係にある」と思えず、相手の冗談をやり過ごしてしまいます。また、自分が「この人は真面目だから冗談なんて言わないだろう」などと思い込んでいる相手に対しても同様でしょう。

もっと知りたい『心理法則』

Part 1

第１章で紹介した心理テクニックの裏付けとなる心理法則を紹介していきます。心理法則を理解することで、心理術の効果も十分に発揮されるでしょう。

アイ・アクセシング・キュー

視線の動きから、相手の気持ちを読み取ること。視線は五感の処理に連動して変化する。視覚なら上に、聴覚なら左右に、体の感覚なら下に動く。一般に、イメージを構成・想像するときは左、想起・記憶するときは右を向くが、左利きの場合は反対のパターンになることも。

参照ページ→P.14

オープン・ポジション

腕や脚を開いている姿勢。相手を信頼して心を開いているとき、自然にこの姿勢を取る。腕を大きく広げるジェスチャーをしたり、手のひらを開いて見せたりしていたら、打ち解けてリラックスした状態であることが多い。

参照ページ→P.26

クローズド・ポジション

腕や脚を内側にクロスした姿勢。相手を信頼せず、警戒しているときに取ることが多い。腕や脚を組んだり、こぶしを握りしめていたり、脚をぴったりと閉じていたりする人は、警戒感や拒絶感を持っている。

参照ページ→P.26

ブックエンド効果

人と隣り合って座っているとき、視線や体が相手のほうへ向けられる現象。相手に好意や興味を持っていると、自然とこの姿勢になる。姿勢の形が本立て（ブックエンド）の形に似ていることに由来する。

参照ページ→P.27

自己親密行動

心理的な安心感を得るために、無意識に自分の体に触ってしまう行動。典型的には、頭や髪の毛を触ったり、鼻や口元に手を当てたりする。緊張や不安、不満などの気持ちのあらわれ。

参照ページ→P.31

防衛機制

欲求が満たされないときや、それによってストレスを抱えているときに、不快な感情から自分を守るためになされる心理作用。防衛機制には、抑圧、反動形成、投射、同一化、合理化、昇華など、さまざまな種類がある。

参照ページ→P.36

オープン・クエスチョン

「はい」か「いいえ」の二択だけでは、答えることができない質問。「いつ」「どこで」「だれが」「なにを」「どうやって」「なぜ」などと尋ねる。相手が自由に答えられるのでさまざまな回答を期待できる一方、答えを引き出すまでに時間がかかる。

参照ページ→P.38

錯誤行為

意図したものとは違う行為をしてしまうこと。言い間違いや聞き間違い、読み間違いも、錯誤行為のひとつ。自覚されていない意識が、人の行動や考え方に影響を及ぼして、錯誤行為が起こるとされる。

参照ページ→P.39

自己開示の返報性

「自己開示」とは、自分自身についての情報をありのまま話すこと。自己開示を受けた相手は、お返しに自分の情報も伝えようとする。自ら秘密や打ち明け話、悩みごとなどを話してオープンな姿勢を見せることで、深い付き合いができる。

参照ページ→P.42

セルフ・ハンディキャッピング

失敗したときに傷つかないように、事前に予防線を張ってしまう心理的防衛システム。ハンディキャップを主張したり作り出したりすることで、相対的に評価を高くしようとする。自分に言い聞かせることもあれば、周囲に宣言することもある。

参照ページ→P.49

身体像境界

「身体像」とは、自分の体についてのイメージのこと。身体像と外界との境界を「身体像境界」と呼び、強くはっきりしているほど自信を持てるようになる。身体像境界は基本的には皮膚のことを指すが、衣服やアクセサリーにも同様の効果がある。

参照ページ→P.50

自己顕示欲

「周りの人とは違う自分でいたい」「自分のことを周りに認めてほしい」といった欲求。この欲求が強い人は、自分の存在をアピールしたり、他の人より自分を目立たせたりしようとすることがある。

参照ページ→P.50

斉一性(せいいつせい)への圧力

「斉一性」とは、複数の物事が揃ってひとつの方向に進むこと。「斉一性への圧力」とは、「みんなと同じでいたい」という無意識の心理によって、集団に同調して行動するように働く強制的な影響力で、「同調圧力」とも言う。

参照ページ→P.51

同一化

自分にとって重要なものと自分を重ね合わせて、重要なものと同じ傾向を身につけること。自分が理想とする人や大切に思う人の行動や服装、表情などを真似することで、自分がその人と一体化したような気持ちになる。

参照ページ→P.53

第2章

苦手な相手を操る心理術

性格が合わない、よく怒られてしまうなど、どうしても苦手な人がいるのは仕方のないことです。この章では、厳しい上司や生意気な部下など、付き合いの難しい人と接するときのポイントを紹介しています。

意見を言う

苦手な相手に意見を言うときこそ、心理術が活躍します。相手のペースを乱して、自分が有利になるテクニックを学びましょう。

反対意見を言うとき

最初に賛成して、次に反対意見を伝える

POINT 反対意見を言うときに、いきなり「反対です」と伝えると相手の反感を買います。まずは相手の意見を肯定して、その後に「しかし、私はこうしたほうがいいと思う」と反対意見を伝えると、意見を受け入れてもらいやすくなるでしょう。

相手の怒りを鎮めたいとき

冷静に指摘する

POINT 相手が怒っているとき、委縮したり怖がったりすると、相手はますます怒ってしまいます。「落ちついて、そんなに怒らないでください」「そんな言い方しないでください」などと冷静に要望を伝えて、怒りを鎮めてもらいましょう。

怒りっぽい人を落ちつかせたいとき

怒っていること自体を指摘する

POINT 怒りの沸点が低く、頻繁に怒っている人には「また怒っていますよ」などと、怒っていること自体を指摘し、自覚させます。そうすることで、相手が感情をコントロールできるきっかけになるでしょう。

相手に怒りを自覚させたいとき

相手に鏡を見せて、怒っている本人の姿を客観的に見せる

POINT 言葉で相手に怒りを自覚させることも有効ですが、本人の怒っている姿を見せるのも有効です。「顔に髪の毛がついている」など適当な理由をつけて、鏡を見せましょう。

ペースを乱したいとき

相手のくせを指摘して、相手の口を封じる

POINT 苦手な相手のペースを崩せると、会話の主導権を奪うことができます。くせを指摘して、相手に自身のくせを意識させることで、相手は思い通りの行動を取れなくなり、ペースを崩すことができます。

頑固な人に意見を言うとき

頑固な部分を「こだわり」として褒めてあげる

POINT 頑固な人は、そのこだわりゆえに周囲の人に迷惑をかけてしまうことがあります。まずは、頑固さの原因になっている「こだわり」を褒め、相手の懐に飛び込みましょう。信頼関係を築き、こだわりを尊重しつつ、こちらの意見も聞き入れてもらいます。

怪しげな話にのってしまいそうなとき

相手の話の疑問点を考えて、自問自答する

POINT 怪しい話を持ちかけられても、自分にとって都合よく解釈してしまい、その話をまったく疑わなくなってしまうことがあります。少しでも怪しいと思ったら、「どうして自分に話してくれたのか」と自問自答してみましょう。冷静に考えることができます。

自分が優位に立ちたいとき

難しくて即答できないような質問をあえてする

POINT 相手が知らないことや、抽象的で答えにくい質問をすることで、会話の主導権を握ることができます。そうすると、言いたいことをうまく伝えられない相手は、あなたの言いなりになるしかなくなるので、思うように操ることができるでしょう。

相手から主導権を奪いたいとき

相手からされた質問を聞き返す

POINT 相手から答えにくい質問をされたときは、すぐに答えるのはやめましょう。答えずに「あなただったらどう思いますか？」と逆に質問をすると、相手は答えに詰まり、会話の主導権を奪うことができます。

無理な要求をされたとき

逆に質問をして問い詰めて会話の主導権を奪う

POINT 理不尽な主張や恫喝、早口でまくしたてられたりしたときは、どうしても勢いで相手の要求を呑んでしまいがちです。しかし、たとえば「責任を取れ！」と言われたら「責任とはどういう意味ですか？」のように逆に質問をすると、相手のペースを崩せます。

信頼を得たいとき

語尾を聞き取りやすくする

POINT どんなに優れた意見でも、語尾の声が小さいと主張は伝わりません。何かを要求するのであれば、言いにくくても「○○してくださ……」のように尻すぼみにさせるのではなく、「○○してください！」と最後まで気を抜かず、はっきりと話しましょう。

謝ることで相手の心が見える

謝る

謝り方によって、人の印象はガラッと変わります。誰からでも許してもらいやすい謝り方を身につけましょう。

態度で誠意を示したいとき

謝罪は電話より直接会ったほうがいい

POINT 謝罪をするときは、気が重いかもしれませんが、直接会って話したほうがいいでしょう。表情や声色、汗など、言葉以外の情報も相手に伝わり、怒りを鎮める効果が期待できます。

しぐさで誠意を示したいとき

腰から90度曲げたお辞儀で謝る

POINT 誠意というものは、言葉だけでは伝わりにくいものです。謝罪をするときは、90度のお辞儀をしましょう。頭を下げてから、少しの間静止することもポイントです。この姿勢は声も出しづらいので、声色でも反省の意が伝わります。

相手が怒っているとき

グレーの服を着て謝る

POINT もし相手を怒らせてしまって、謝らなければいけなくなったら、言動だけでなく服装にも注意しましょう。おすすめはグレー。存在感が際立たなくなり、相手の気持ちを落ち着かせる効果があります。

叱られているとき

「ありがとうございます」と感謝の言葉を添える

POINT 叱られているときは、謝罪だけでなく感謝の言葉も添えてみましょう。謝罪したあとに「ご指導いただき、ありがとうございます」と言うと、相手もいい気分になり、怒りを収めやすくなるのです。

悪い報告をするとき

真っ先に悪い報告をする

POINT 上司へは、真っ先に悪い報告をしましょう。悪い内容は報告しづらいものですが、あえて真っ先にすることで、誠実な印象を与えられます。また、悪い報告は早ければ早いほど対応しやすいので、トラブルを最小限にできるでしょう。

誠実に依頼を断りたいとき

自分の状況を伝えてから断る

POINT 断るときには、「断ることによって相手の気分を害したくない」という心理が働きます。この心理にも適した断り方が、自分の状況を伝えるというもの。「今手が離せないから」など、相手の人格を尊重した上で断れば、角が立ちません。

波風立てず依頼を断りたいとき

相手の状況に同調しながら断る

POINT 「困っているのはわかるけれど、私も今忙しくて」といったように、相手の状況に同調しながら断ることで、印象を悪くしないまま上手に断ることができます。相手の話は理解していることを伝えつつ、断ることがポイントになります。

確実に許してもらいたいとき

別室に移動してから謝る

POINT 上司に謝罪をするときには「2人で話せませんか」と言い、会議室などに移動します。移動の間に上司は不安を感じます。上司が移動中に想像したことよりも謝罪の内容が軽ければ、いざ別室で謝罪したとき簡単に許してもらえるでしょう。

クレーム対応するとき

ひたすら同じ言葉で謝る

POINT クレームには、理屈を尽くして対応をしてもキリがありません。「申し訳ございません、以後気を付けます」といったお詫びの言葉を繰り返しましょう。やがて相手は根負けして、諦めるようになります。

不利な状況をやり過ごすとき

語尾を伸ばす間延びした口調で相手の攻撃をかわす

POINT 不利な状況に追い込まれてしまったときには、語尾を伸ばす間延び口調が有効です。「え〜、おかしいな〜」といったように話すと、追及がフェードアウトしていきます。ただし、緊急の謝罪が必要なときなどの重要な場面では使わないようにしましょう。

怒られないようにしたいとき

取り組む前に謝るとミスをしても怒られにくい

POINT 相手から何かを頼まれたとき、うまくやる自信がなかったり、スケジュールが厳しかったりするときには「他の仕事もあり、万が一間に合わなかったら申し訳ございません」と事前に謝っておけば、たとえミスをしても怒られる可能性が少なくなります。

相手の気持ちを心の鏡に写す

共感する

人を動かすには、信頼関係を構築する必要があります。たとえ苦手な相手でも、共感を示すテクニックで懐に飛び込みましょう。

好意を態度で示したいとき

相手の動作を真似する

POINT 相手の行動をさりげなく真似する「ミラーリング」というテクニックがあります。相手の行動を真似することで「あなたを受け入れている」という意思を伝えるものです。相手の身振りやしぐさ、声のトーン、話すスピードなどを取り入れてみましょう。

自分を嫌っている相手と接するとき

苦手意識を持たないようにして親切に接する

POINT 「相手から嫌われているな」と思ったときは、何か相手があなたに対して悪い印象を抱いています。こちらも苦手意識を持つのではなく、まずは小さな親切を積み重ねることで、悪い印象を薄めていくことから始めてみましょう。

信頼されたいとき

相手のことを全面的に肯定してあげる

POINT 自分を信頼してほしければ、自分から相手を信頼をする必要があります。わかりやすい信頼の行動は、相手を肯定すること。日ごろから褒めたり、尊敬を示したりしていれば、あなたの信頼は相手にも伝わります。

チームのモチベーションを上げたいとき

共通の敵を作って仲間同士で団結する

POINT チームとしての親密度を高めるためには、仮想の敵を作ることが有効です。それによって、メンバーが一丸となり、モチベーションを上げることができます。仮想敵としては、売上を競う他のチームやライバル会社などもいいでしょう。

味方になってもらいたいとき

簡単な作業でもいいから一緒にやってもらう

POINT 人は同じ体験をすると、互いに親近感を抱きます。もしも、会社内に味方になってほしい人がいるのなら、書類の整理のような簡単な作業でいいので、手伝ってもらいましょう。そうすることで、連帯感が生まれ、味方になってもらえます。

弱みを見せて好感度を上げる

お願いごとをする

上司・部下や取引先などに頼みづらいお願いをするときでも、相手が気持ちよく引き受けてくれるような頼み方をしましょう。

相手を緊張させたくないとき

相手の右側から近づいてゆっくりと話しかける

POINT 人は左側から近づいてくる人に警戒心を抱きやすいものです。これは、心臓の位置が左であることや、右利きの人が多いことが原因ともいわれています。左ではなく右から近づくことで、相手が抱く警戒心をできるだけ軽くできるでしょう。

話を聞いてもらいたいとき

理由をつけてからお願いする

POINT お願いごとをするときは、理由をつけるだけで聞いてもらいやすくなります。理由は本当の理由でもかまいませんし、嘘でも「お客さんが急いでいて、○時までに終わらせなければならない」というようなもっともらしい理由を考えれば大丈夫です。

自分の依頼を優先してもらいたいとき

優先すべき理由をはっきりと相手に伝えながらお願いする

POINT 大抵のお願いごとは、相手が元々持っていた仕事の期限に、割り込みをする形でやってもらうことになります。そのため、「お客様に出さなくちゃいけないから」「社長が待っている」などと、他より優先すべき理由を説明して納得してもらいましょう。

プライドが高い人にお願いするとき

「教えてください」と下手に出て気持ちよくする

POINT プライドが高い人の多くは、実は人から頼られるのを待っています。「教えてください」「助けてください」と助けを求めると、自尊心を満たすことができるため、喜んで協力してくれるでしょう。

取り付く島もないとき

「ちょっとだけ」「3分だけ」と断ってまずは話し始める

POINT 忙しかったり、イライラしたりしていて取り付く島もない人には「3分だけ聞いて」などと、短い時間ですむことを伝えます。こうすることで、「少しぐらいなら聞いてもいいか」と思ってもらえます。

お願いしやすい関係を築きたいとき

こまめな連絡を心がける

POINT よく思われていない相手に便宜を図ってもらいたい場合には、接待をするよりも、こまめに連絡をして相手が得する情報を提供すると効果的です。小さな親切が積み重なることで、相手はあなたのことを忘れられなくなります。

相手の気分をよくさせたいとき

特別扱いをしてお願いする

POINT 「この情報は特別なお客様にだけ教えているんですけど……」「◯◯様だけなのですが、今契約していただければ20%割引させていただきますよ」などとここぞというときに相手を特別扱いすると、気分よく財布のヒモを緩めさせることができます。

同意してくれなそうなとき

他の人を引き合いに出す

POINT 自分が頼んでもなかなか同意してくれない相手にお願いをするときは、「◯◯さんも賛成してくれたので、お願いします」と言うと、断られにくくなります。他の人と違う意見を言いたくない心理が働くので、素直に聞いてくれる可能性が上がるのです。

多数派の反対を封じたいとき

実績がある人に根回しをする

POINT 自分の意見が少数派であっても相手の了承を得たいときには、多数派になろうとするよりも、実績がある１人に根回しをするだけで優位に立てます。「〇〇さんがそう言うのなら……」と、お願いを聞いてもらいやすくなります。

苦手な相手がミスをしたとき

相手に謝る機会を与えず引け目を感じさせる

POINT 苦手な相手がミスをしたときは一言文句を言いたくなるかもしれませんが、あえて何も言わないでおいて、相手が謝るタイミングを逃すようにします。すると、相手は引け目を感じるので、お願いを聞いてもらいやすくなります。

話が通じない相手にお願いするとき

簡単な言葉に言い換えて頼む

POINT お願いしたい内容をなかなか理解してくれない人には、簡単な言葉を使って説明しましょう。相手が少しでも怪訝な顔をしていたら、専門用語を簡単に言い換えたり、具体例を出したりします。しっかり納得してもらえば、引き受けてもらいやすいのです。

成長を促す効果的な指導とは

指導する

部下や後輩を指導しているとき、思い通りに相手が聞いてくれないこともあります。相手の性格に合わせた指導を心がけましょう。

部下を注意するとき

金曜日の帰宅直前に注意する

POINT 部下を注意するには、金曜日の帰宅直前が一番いいでしょう。週末の間に部下も冷静に反省することができるので、翌週からスムーズに仕事ができます。反対に、月曜日の午前は避けたい時間です。

自分勝手な部下を指導するとき

その人のせいで被害を受ける人の気持ちを想像させる

POINT 自分勝手でわがままな行動を取る人には、反対の立場の人の気持ちを想像させると効果的です。仮にその人の行動で迷惑を被った人がいれば、「○○さんはどんな思いをしていたと思う？」といった具合に問いかけて想像させてみましょう。

若い部下や異性の部下を指導するとき

思い込みを捨てる

POINT 「ジェネレーションギャップが激しい部下とは話が合わない」「異性の部下に信頼されるのは難しい」などの思い込みは捨てましょう。思い込みがあるとリラックスして話すことができないので、必要以上に敬遠してしまい指導が難しくなります。

反省しない部下を指導するとき

口頭で注意するだけでなくレポートを書かせる

POINT 口頭で注意しても、何度も同じミスを繰り返す部下がいるとします。そんな人を何度か注意したら、反省のレポートを課しましょう。すると、相手も事の重大さに気づき、行動を改めるきっかけになります。

気が弱い部下を指導するとき

「期待している」と伝える

POINT 気が弱い部下は、単に「がんばれ！」などと応援しても、プレッシャーを感じてしまうので、逆効果になってしまいます。それよりも「調子いいね」「いつもがんばっているね」などの期待を込めた言葉を贈りましょう。

ホウレンソウをしない部下を指導するとき

上司から部下に教えを請う

POINT 成績がいい部下ほど、上司へのホウレンソウを怠りがちという傾向があります。「A社の案件、難しい条件だったけど、どうやってまとめたのか教えてくれる？」といったように上司から教えを請うと、部下にホウレンソウをさせることができます。

内心では反発している部下を指導するとき

1回だけ時間を取って しっかり短く叱る

POINT 部下の中には、仕事ができるゆえに内心では上司や仕事を軽く見ている人もかもしれません。そんな部下には、一度時間を取って、仕事に手を抜いた証拠があれば突きつけて厳しく叱るとよいでしょう。指摘する内容を絞り、短く叱ることが重要です

プライドが高い部下を指導するとき

得意だと思っていることを 褒めてあげる

POINT プライドが高く、扱いづらい部下は、本人が得意だと思っていることを積極的に頼みましょう。「予算管理、得意だよね？」「こないだの資料見やすかったから今回もお願いね」などと誉めつつ依頼することで、仕事をどんどん任せられるようになります。

覚えが悪い部下を指導するとき

「忘れてもいい」と言ってから教える

POINT 「絶対に覚えろ」とプレッシャーをかけられるよりも「忘れてもいい」と伝えられているほうが、よく記憶できるという実験結果があります。「忘れてしまっても、また聞いていいからね」と言うことで、部下もきちんと覚えてくれるのです。

すぐに萎縮する部下を指導するとき

「なぜ?」という質問を避ける

POINT 上司から「なぜ〜なの?」と尋ねられると、非難されていると思って「すみません」と引き下がってしまう人がいます。そのような部下に何か質問をするときは、「なぜ?」と聞かないようにするか、「反対しているわけではない」と前置きしましょう。

付き合いの悪い部下を飲み会に誘うとき

飲みに行きたいと正直に話して頼む

POINT 部下を食事に誘うときに「おごってやるから」などと言うと、傲慢で信頼できない上司だと思われてしまいます。部下から慕われたければ、「若い君たちと一緒に飲みに行きたい」と正直に話して、誘いましょう。

心の距離を上手に離す

避ける

苦手な相手は動かすだけでなく、時には避けることも有効です。相手にいい印象を与えながら、波風を立てずに立ち去りましょう。

長話をされて困ったとき

話を要約して会話を終わらせる

POINT 長話に巻き込まれたとき、丁寧に付き合ってしまうと自分の貴重な時間がなくなってしまいます。そんなときは、「○○ということですね」と相手の話を要約し、強引に会話を終わらせてしまいましょう。

馬鹿にされているとき

突然沈黙して空気を変える

POINT 心ない言葉をかけてくる相手の場合は、むやみに反応せず、突然黙り込んでみましょう。相手も突然の沈黙には、気まずくなり、態度を変えることでしょう。沈黙は言葉以上に有効な手段なのです。

口の悪い人と話すとき

相手の言葉を繰り返して
口の悪さを自覚させる

POINT 悪口や下品な言葉遣いをする人には、相手の言葉を繰り返すオウム返しが有効です。たとえば、「あいつバカだよな」と言われたら「バカって本当？」というようにオウム返しすると、自分が言ってしまった悪口に気づいてもらえるかもしれません。

相手の悪口が止まらないとき

自分の話を始めて
話の主導権を奪う

POINT 黙って話を聞いていると悪口を言い続ける人もいます。そんな相手には、積極的に自分の話をしてみましょう。相手も目の前にいる人の悪口を言うわけにはいかないので、ペースを崩すことができます。

暴言を浴びせられたとき

気持ちがこもっていない
相づちで答える

POINT 面と向かってあなたに暴言を言ってくる人には、適当な相づちが有効です。「そうですか」「別に」などと気のない返事をすれば、相手も張り合いがなくなり、自然と暴言をやめてくれるかもしれません。

相手が必要以上に怒ってくるとき

大げさに怖がって
相手が驚く一言を言う

POINT 怒鳴られたり、必要以上に怒られたりしたときに、慌てたり悲しい表情をしたりするのは逆効果です。相手はさらに怒って満足してしまいます。必要以上に怖がり、上司や警察など権力がある人に言いつけると言えば、相手の態度は軟化するでしょう。

酔った人から絡まれたとき

すぐに席から立って距離をとる

POINT 酒に酔った人に絡まれて困ったときは、真剣に取り合わないで、すぐに席を立って逃げましょう。引き留められたとしても振り切ったほうがいいのです。それだけすれば、相手も諦めて絡むのをやめます。

嫌味を言う人を避けるとき

黙ったままニッコリと笑う

POINT 嫌味を言ってくる相手は、無意識にあなたの反応を楽しみにしていることがあります。嫌味を言われたら、黙ったままニッコリと笑ってみましょう。予想を裏切られた相手は、ペースを崩されるでしょう。

距離をとりたいとき

相手と自分の間に携帯電話を置いておく

POINT 苦手な人と対面や隣り合って話しているときには、2人の間に携帯電話など、何か物を置いてみましょう。置かれた携帯電話が心理的な壁になって、会話が減り、心の距離を開けることができます。

勝手な助言をされたとき

真に受けずにスルーする

POINT 善意が少しも感じられない自分勝手な助言をされたら、真に受けずにスルーしてしまいましょう。反対に、こちらから助言を求めていたのだとしたら、たとえ理想の助言でなかったとしても、前向きに言われた通りに行動してみるとよいでしょう。

トラブルを回避したいとき

相手が不機嫌なときには近寄らない

POINT 不機嫌な相手に不用意に近づいても、いいことはありません。どうしても話しかけなくてはいけないときには「3分ですみます」などと言って、用件が終わったらすぐに去りましょう。反対に、上機嫌なときに話しかければ、好意的に評価してもらえます。

拒否の気持ちをどう変えるか

断る

心理術を使ってきっぱりと断る方法を覚えましょう。断り上手になると、苦手な相手でも対等に向き合えるようになります。

比べられない選択を迫られたとき

まずは両方選んでみる

POINT 「仕事と家庭どちらが大切か」というような、比べられない2択を迫られたら、無理にどちらかにしぼらず、「どちらも大事」と両方選びましょう。誤った2択は、そもそもどちらかを選ぶ必要がないのです。

確認できない選択を迫られたとき

前提を覆して考える

POINT 「いい会社に入りたいなら勉強するしかない」などと、必ずしも正しいとは限らないことを言われることがあります。いい会社に行く別の方法がないか考えたり、「本当にいい会社に行かなくてはならないのか」と前提そのものを疑ってみたりしましょう。

間違った比較を提示されたとき

誤りを強く指摘する

POINT 「ちゃんと残さず食べなさい。昔の人はお腹いっぱい食べられなかったんだから」のように、昔と今など、比べる必要のない間違った比較には、間違い自体を指摘しましょう。すると、比較に意味がなくなり、対応する必要がなくなります。

角を立てずに断りたいとき

一度受け入れてから「だからこそ」を使って断る

POINT 断りたいことをお願いされたら「お気持ちはうれしいです。でも、だからこそ今回のお話はお断りさせてください。そんな大役務まりません」と、一度受け入れたあとに「だからこそ」で切り返しましょう。

関心を持ってもらいたいとき

「無理です」「できません」ときっぱり断る

POINT 相手の要求はなんでも聞かなくてはいけないわけではありません。時にははっきりと断ることで、「断るということは、人気があるのだろう」などと思わせて、一層関心を持ってもらうことができます。

もっと知りたい『心理法則』

Part 2

第２章で紹介した心理テクニックの裏付けとなる心理法則を紹介していきます。心理法則を理解することで、心理術の効果も十分に発揮されます。

イエスバット法

相手の意見を真っ向から否定するのではなく、一旦賛成して、そのあとから反論する心理テクニック。一度受け入れることで相手の意見を理解していることを示し、相手に安心感を与えられる。単純に反論をするよりも、反対意見を受け入れてもらえやすくなる。

参照ページ→P.66

反同調行動

相手の言動や感情、態度に同調しないで、違う行動をとること。「ディスペーシング」とも言う。激しく怒っている相手には、萎縮するよりも毅然とした態度で臨むほうが怒りを鎮められることも。

参照ページ→P.66

認知バイアス

物事を自分に都合がいいように解釈してしまい、論理的な評価や思考が曲げられてしまう現象。楽観的な感情だけで判断する「感情バイアス」、危険が近づいても安全と思い込む「正常性バイアス」、先入観から偏った情報を集めてしまう「確証バイアス」などがある。

参照ページ→P.68

ミラーリング

相手の動作を意識的に真似して、親近感を与えること。相手への尊敬や敬意を表現できる。あからさまなミラーリングはかえって不快感を与えることがあるので、相手に気づかれないように自然な動きとタイミングが重要。

参照ページ→P.74

同調行動

相手の言動や感情、態度に同調して、同じように行動すること。「ペーシング」とも言う。笑顔には笑顔で、悲しそうな人には悲しそうに接することで、相手を安心させて気分をよくする効果が期待できる。

参照ページ→P.75

カチッサー効果

頼みごとやお願いごとをする際に、理由を添えると引き受けてもらえる可能性が高くなるという理論。ほとんど意味がないような理由でも効果がある。カチッサーという名称は、テープレコーダーの再生ボタンを押す音と砂嵐の音が由来。人の心が切り替わる様をあらわしている。

参照ページ→P.76

フット・イン・ザ・ドア・テクニック

まず小さなお願いごとから引き受けてもらい、徐々に本命の大きな要求に近づけていくテクニック。相手の「イエス」を積み重ねていくと、相手の気持ちを誘導することができる。

参照ページ→P.77

ゲインロス効果

初めは印象が悪く、低く評価していた相手でも、少しのきっかけによって評価が高くなること。第一印象が悪くてもそれを覆すようなことがあると、ギャップが大きいほど一層好印象になる。

参照ページ→P.78

マイノリティ・インフルエンス

少数派が多数派に影響を与えること。少数派の中に大きな実績のある人がいて、多数派の意見を変えさせることを「ホランダーの方略」、実績がなくても一貫した意見を述べ続けて、多数派に影響を与えることを「モスコビッチの方略」と言う。

参照ページ→P.79

ピグマリオン効果

期待をかけられたり褒められたりすると、モチベーションが上がり期待通りの働きができるようになる効果。キプロス島の王・ピグマリオンが乙女像に願ったことで、乙女像が人間になったというギリシャ神話に由来する。

参照ページ→P.81

ホーソン効果

周囲からの関心や注目が注がれることで、より成果を上げようとする心理作用。「見られている」と感じることで、生産性が向上する効果がある。アメリカ・シカゴのホーソン工場で行われた実験に由来する名称。

参照ページ→P.81

アンダーマイニング効果

自発的に好きでやっていたことに対して、他人が報酬を与えるようになると、かえって続ける意欲がなくなってしまうこと。報酬をもらうことが目的になってしまい、やること自体への興味を失ってしまう。

参照ページ→P.82

エンハンシング効果

アンダーマイニング効果の逆の理論。好きでやっていることに対して、他人が言葉による称賛をすることで、本人のモチベーションも上がること。物や金銭の報酬ではなく、褒め言葉によって意欲が増す。

参照ページ→P.82

偽りのジレンマ

「ジレンマ」とは2つの事柄の間で板挟みになること。「偽りのジレンマ」は、そもそも比べられない2択、前提が間違っている2択、別の選択肢があるはずの2択、まったく因果関係のない2択などの、理不尽な2択を指す。「誤った二分法」などとも言う。

参照ページ→P.88

第3章

相手を思いのままに操る心理術

伝え方を少し変えるだけで、自分の思い通りに人を動かすことができます。この章では、説得やお願いをするときに、相手が思い通りに動いてくれるようになるテクニックを紹介しています。

どうやってYESを引き出すか

説得する

家族、友人、仕事、どんな人との付き合いでも説得が必要な場面はあるもの。快く話を聞いてもらえる説得の方法を知りましょう。

場の空気をよくしたいとき

本題に入る前の雑談で成功が決まる

POINT 商談で重要なのは、いかに上手に製品やサービスの説明ができるか。そう思われがちですが、本当に大切なのは商談の本題に入る前の雑談です。とはいっても深く考えずに、笑顔で天気や時事ネタなどの軽い話で打ち解ければ問題ないでしょう。

自社で交渉するとき

ギリギリの時間まで準備する

POINT 自社、すなわち“ホーム”で交渉するときは、精神的に優位に立てます。交渉を有利に進めたいなら、取引先の人に会社まで来てもらうなど、なるべくホームで交渉できるよう仕向け、約束の時間のギリギリまで綿密に準備をして臨みましょう。

自社以外で交渉するとき

徹底的に下調べをする

POINT 相手の会社や家など、いわゆる“アウェイ”で交渉するときは、心理的に不利な立場になります。遅刻や忘れ物など、さまざまな心配ごとが降りかかってくることになります。それだけに徹底的に準備・下調べをすることで、自信を持って臨みましょう。

安心感を与えたいとき

多くの人が使ってることを数字を使ってアピールする

POINT 説得力を増すために使える数字として、人数があります。「100社が導入」「100万ダウンロード」などと、暗に大勢の人が利用しているということをアピールすることで、横並びで周囲の空気を読む心理が働き、説得しやすくなるでしょう。

説得力を増したいとき①

「3倍」「5000円分の無駄がなくなる」など、数字を使う

POINT 説得するときには、相手に明確なイメージを持ってもらうことが重要です。「すごく節約できる」よりも「3倍節約ができる」などと具体的な数字を出して言うと、現状からどのように変わるのかがイメージしやすく、説得力が劇的にアップします。

説得力を増したいとき②

実際の商品やモデルを見せて説得する

POINT 商品を売り込むときは、データを見せたり口頭で説明をしたりするよりも、実物を見せて手に取ってもらうことが有効です。まだ商品ができていない場合でも、簡単な試作やモデルを見せるだけでも相手はイメージしやすくなり、説得されやすくなります。

難しい要求を聞いてもらうとき①

大きい要求をしてから本命の小さい要求をする

POINT 要求を通したいときは、あえて大きい要求をして一度相手に断らせましょう。断ってしまったという罪悪感を持たせることで、別の小さい要求をしたときに、すんなりと聞いてもらえることがあります。

難しい要求を聞いてもらうとき②

プラスの側面を強調する

POINT 相手にとってメリットを感じやすいポジティブな言い方で伝えると、要求を受け入れてもらいやすくなります。「20%の確率で失敗する」と言われるより「80%の確率で成功する」と聞いたほうが、前向きに受け取るようになるでしょう。

難しい要求を聞いてもらうとき③

有名人や専門家の名前を出す

POINT あなたの話は聞いてくれない人でも、「○○先生がテレビで言ってたんだけど」「これあのモデルも食べていて」などと、権威ある専門家や有名人の名前を使えば、聞いてもらえる可能性が高まります。

難しい要求を聞いてもらうとき④

「他の人も」「みんな」を頭につけてから要求を言う

POINT 「みんなやっている」「他の人も協力してくれている」など他人の行動を語って説得すると、相手は断りにくくなります。これは、他人の行動を見てから自分の行動を決めたいという心理が働くためです。

意見が違う相手を説得するとき

「○○でしょ？」と問いかけて誘導する

POINT 自分と違う意見を持っている相手を説得するときには「○○のほうがいいでしょ？」などと言って誘導すると、反対意見を考える時間がなくなり、賛成してもらいやすくなります。人の心理は、決めつけられると弱い一面があるのです。

相手の反論を封じたいとき

「ご承知のことと思いますが」で始める

POINT 「ご承知のことと思いますが」「ご存じの通り」など、すでに了承を得ているという前提で話すと、相手は反論しづらくなります。これによって、反論を封じながら要求を聞いてもらうことができます。

お得をアピールしたいとき

商品やサービスにおまけをつけてお得感を出す

POINT テレビショッピングや実演販売で頻繁に使われるテクニックです。ある商品を売りたいとき、おまけをつけると「お得」を演出できます。おまけは最後に紹介すると、もっとも効果があらわれやすくなります。

デメリットもあるとき

メリットとデメリットを両面提示する

POINT デメリットを伝えてしまうと警戒されるのではないかと考えがちですが、これは誤解です。人はメリットとデメリットの両面を提示されると、「正直に話してくれた」と信頼感を持つので、説得されやすくなります。

相手が興味を持っているとき

結論を最後に話す

POINT 相手がすでにこちらの話に興味を持っていることがわかっているときには、話の結論を最後にします。順序だててわかりやすく説明ができるので、説明も簡単で、話が苦手な人でも説得しやすくなります。

相手が興味を持っていないとき

結論から話す

POINT 初対面の相手や、最初から話に興味を持っていないことがわかっている相手には、結論から話し始めましょう。仮に最後まで聞いてもらえなかったとしても、話の要点は伝わります。ただし、結論に興味を持ってもらえなければ、失敗に終わるでしょう。

他人のモチベーションを上げたいとき

第三者を間に挟んで褒める

POINT 直接的な褒め言葉は、お世辞や駆け引きを疑われがちです。そんなときは、間に第三者を挟み、第三者から「部長があなたの仕事ぶりを褒めていたよ」などと言ってもらうようにしましょう。そのほうが信ぴょう性が高くなります。

好印象なものを利用する

後光効果を利用して説得する

POINT　プラスのイメージのものを引き合いに出すと、説得はスムーズに進みます。たとえば、「この商品は大ヒット商品を手掛けたチームが作りました」と言うと、過去の成功と目の前の商品が結びついて、購入につながりやすくなるでしょう。

上司にアピールするとき

上司の言動、身だしなみをまずは真似する

POINT　上司の話し方やしぐさ、ファッションなどを真似すると、出世しやすくなると言われています。これは、人は自分に似た人を好きになる心理を利用しているからです。上司から見ると「自分に似たかわいい部下」という好意的な印象になるのです。

大人数を説得するとき

目線はZを描くように動かす

POINT　大人数の前で話すときには、目線を聴衆の端から端へ、「Z」の形を描くように動かしましょう。そうすることで、1人1人に向けて丁寧に語りかけているような印象を与えることができるのです。

言葉だけでは説得力に欠けるとき

実際に行動して見せる

POINT 説得する側の言行が一致しているかどうかを、説得される側はよく見ているものです。人を説得して何か行動を起こしてもらいたいなら、自分が普段からその行動をとるようにしましょう。また、説得の場において目の前で実演して見せるのも有効です。

熱意を伝えたいとき

早口で熱っぽく語る

POINT 人は心の底から信じていることを夢中で語ると、自然と早口になる傾向があります。熱意を込めて早口で話すと、相手を圧倒し、言うことを聞かせられます。普通に話すよりも、早口で話すほうが相手に信頼されやすいという実験結果もあります。

相手にOKさせる技術

依頼をする

相手の性格やシチュエーションに合わせてテクニックを使い分けると、どんな依頼でも聞いてもらいやすくなります。

好印象を与えながら依頼したいとき

落ち込まない程度に相手をけなして最後に褒める

POINT 他人に好かれたいと思ったら、褒めてばかりではいけません。ほどほどにけなしてから、褒めるようにすると、ただ褒めるよりも相手にとっては喜びが増します。だからといって、けなしすぎてしまうと嫌われてしまいます。バランスが大事なのです。

断られないように頼みたいとき

理由を最初に言ってからお願いする

POINT 頼みごとには最初に理由を添えましょう。「明日までに必要で」「今急いでいるから」など行動に理由をつけると、相手も断りにくくなります。些細な頼みごとであれば理由もそれなりでよいですが、重要なお願いであればきちんとした理由が必要です。

情に訴えたいとき

相手に「かわいそう」と思わせてから依頼する

POINT 頼んだだけでは聞いてくれない相手でも、一度同情させるとお願いを聞いてくれることがあります。たとえば、「財布を落とした」「怪我をした」などの不幸な出来事を話すと、相手は助けてあげたいという思いが生じて、援助してくれるようになります。

悪い条件の依頼をするとき

相手を驚かせることを言って依頼する

POINT 人は驚くと、交感神経が刺激され、冷静な判断ができなくなります。「君は今の部署から営業部に異動だよ」など相手が驚くことを伝え、それに動揺したら「異動じゃなくて転勤でもいい」などと本当のことを伝えると、簡単にイエスを引き出せるでしょう。

優柔不断な人に依頼をするとき

安心させてから依頼する

POINT 優柔不断な人は、自分の選択が間違いに終わることを誰よりも危惧しているものです。だから「これで大丈夫です」「うまくいきます」などと伝え安心させると、決心がつき、決断を下せるようになります。

頼みづらい依頼をするとき

もっともらしいことを言って依頼する

POINT 相手が断りにくい依頼の方法として「大義名分」を利用する方法があります。たとえば、部下に頼みづらいことを言うときに「会社のためにやってくれ」といったように、もっともらしく言うことで断りにくくなります。

交渉するとき

食事をしながら依頼する

POINT デートや仕事の接待など、親しくなりたい人と食事をするのは一般的なことです。これは、「ランチョンテクニック」と呼ばれる心理術です。食事をしているときは否定的な考え方になりにくいので、交渉は食事とセットにするとよいでしょう。

相手を乗り気にさせたいとき

楽しい未来を想像させてから依頼する

POINT 商品を売るときには、相手に楽しい未来を想像してもらいましょう。たとえば、掃除用品を売るのであれば、「1日30分、家事の時間が短くなって、趣味に使えます」などと購入後を具体的にイメージさせることで買ってもらいやすくなります。

意思が弱い人に依頼をするとき

賛成意見を聞かせながら依頼する

POINT 人には、他の人と違うということを恐れる心理があります。その心理を利用して、「○○さんも賛成してくれたんだけど」などと他の人の賛成意見を伝えながらお願いすると、相手のイエスを引き出しやすくなります。

相手の行動を変えたいとき

相手の不安を煽って依頼する

POINT 不安を煽ると、人は恐怖に駆られ、何か行動しなくてはという気持ちになります。たとえば、「このままだと病気になる」「成績が悪いと部署異動になる」などといった言葉で不安感を抱かせます。現状の行動を変えさせるには有効な手法です。

依頼の定番フレーズ①

「もし～ならば」と仮定して依頼する

POINT 「もし～ならば」と仮の選択肢を与えると、誘導がしやすくなります。「もし買っていただけたら、年間○万円の節約になります」といったように具体的な仮定の話で想像を掻き立てると、その時の相手の反応を見て、依頼できるか考えましょう。

依頼の定番フレーズ②

「ナンバーワン」と言って丸め込む

POINT 「ナンバーワン」という言葉には力があります。飲食店で人気ナンバーワンメニューを思わず注文した経験は、誰しもあるのではないでしょうか。頼みごとをするときにも「○○ナンバーワンの君に頼みたい」などと言われれば断りにくくなります。

依頼の定番フレーズ③

「なんとかなりませんか」と相談を装う

POINT 「この仕事を１週間でやってください」と言うより、「１週間でなんとかなりませんか」と相談を装って依頼すると、相手の承認欲求を満たし、スムーズにお願いごとを聞いてもらえることがあります。

依頼の定番フレーズ④

「ここだけの話だけど」と秘密を共有する

POINT 「ここだけの話」と秘密を共有すると、相手はその気持ちに応えたくなります。これを利用して「ここだけの話、この値段でよければ即日契約できます」などと言えば、相手も応じやすくなるのです。

依頼の定番フレーズ⑤

「だからこそ」は断られにくい

POINT 「だからこそ」は依頼するときにも、断るときにも使いやすい万能フレーズです。依頼する場合は「あなただからこそお願いしたい」といったように使います。自分が高く評価されていることがわかり、断りにくくなるのです。

依頼の定番フレーズ⑥

「助けてください」と下手に出て依頼する

POINT 能力が高くプライドが高い人は、気難しいイメージがありますが、実は手玉に取りやすい人でもあります。「助けてください」と下手に出ることで、相手に優越感を味わわせ、あなたの思うように動いてもらうことができるのです。

生意気な人に依頼をするとき

反発心を煽って依頼する

POINT 依頼時には、あえて「無理」という言葉を使ってみましょう。プライドが高い人に「いくら君でも１日でこの資料を作るのは無理だよね？」と言うことで反発心を煽り、行動してもらうことができます。

目上の人に依頼をするとき

お願いをしやすい状況を作っておく

POINT 要求が複雑だったり、相手が面倒に感じそうなものの場合、何度か要求を重ねましょう。その際のポイントは、普段から小さい要求しておくこと。そうすることで、だんだんと相手は断りづらくなります。ただし、目上の人への配慮を忘れずに。

同僚に依頼をするとき

簡単なお願いを何回か聞いてもらい、大変なお願いをする

POINT 小さな頼まれごとは、つい聞いてしまうものです。また、一度お願いを聞いたら、その後もお願いを聞くという行動を続けたくなります。「持ち物を貸して」「飲み物を買って」などと、一度小さな要求が通ったら、別の要求もしてみましょう。

部下に依頼をするとき①

突然大きなお願いごとをして反射的にやらせる

POINT 頼みごとは、面倒なことであればあるほど、また考える時間があるほど断られやすくなります。そのため、突然不意打ちでお願いをして、相手をひるませると、相手はついつい承諾してしまうでしょう。

部下に依頼をするとき②

後ろから見下ろすように話す

POINT 相手より目線を上にして、威圧的に話しかけると、上下関係がよりはっきりとし、自分の権威を誇示することができます。そうすることで、部下は頼まれごとを断りにくくなり、素直に言うことを聞いてくれるようになります。

部下に依頼をするとき③

「みんなも同じことをしている」と言って頼む

POINT 「みんなやっているから、これもやってね」と言いながら頼むと、部下からは断られにくくなります。自分１人だけ別の行動をとる意志を保つのは、なかなか難しいものです。他人の行動を示すことで、それに影響されて動くことになります。

手土産を利用して依頼をするとき

手土産を渡してから４分以内に本題を切り出す

POINT 手土産を渡してからすぐに本題に入ると「あからさまかも」と思う人もいるでしょう。しかし、遠慮する必要はありません。心理実験によれば、贈り物を渡したあとに頼みごとをする場合、４分以内にするのが一番効果が出やすいことがわかっています。

相手に進んで引き受けてほしいとき

最初に気遣いの言葉を伝える

POINT 気遣いに依頼を添えると、断られにくくなります。たとえば、残業を頼むなら「お疲れ様。大変だったね。もう終わってもいいけど、少し手伝ってもらえる？」と頼むと、気遣いに対して報いるために、相手は残業をしたくなります。

難しい依頼をするとき

難しい依頼は即答させず考えてもらう

POINT 即答しづらい依頼は「答えはあとでいいから、考えておいて」と伝えて、一度寝かせましょう。期間は１～４週間がよいようです。そうすることで、相手は「引き受けてもいい」という気持ちになるのです。

ダメ押しの一言を加える

「仕事抜きで会いたい」と伝える

POINT 取引先に何かを依頼するときには、最後に「今日はありがとうございました。今度は仕事抜きに会いたいです」と伝えるのが有効です。仕事以外の時間も、自分のために使いたがっているという信頼感を持ってもらうことができるでしょう。

相手に不利な内容の依頼をするとき

先に好条件を出し承諾をもらう

POINT まず相手にとってうれしい条件をつけて依頼をして、承諾してもらってから不利な条件を付け加えます。相手は、一度いいと言った手前、断りにくくなるのです。ただし、このテクニックを使いすぎると信用されなくなるので気をつけましょう。

依頼を引き受けてもらいやすくする

日ごろから小さな恩を売っておく

POINT 自分に恩を感じてくれている相手は、いざというときに難しい依頼を引き受けてくれる可能性が高くなります。必ずしも多大な手助けをする必要はなく、日ごろから少しの気遣いをするだけでかまいません。

自分に有利な状況を作る

誘導する

相手の行動を思うままにするには、心理テクニックを利用します。相手の気分をうまく乗せて、気持ちよく誘導しましょう。

相手の期待を操りたいとき

「もうありません」と一度断って相手を惹きつける

POINT 相手の満足度を上げるには、一度「もうありません」などと断るのが有効です。断られたことで相手は強い興味を持ちます。そこで「1つだけ在庫がありました」といったように差し出すと、相手は大きな満足感を持って買う傾向があります。

先入観を刷り込んで誘導したいとき

条件が悪いものと比較をさせて丸め込む

POINT 上から順にA・B・Cと3段階のコース料理がある場合、一番選ばれやすいのはBです。これは、Cでは高いけれど、Aは安すぎるという比較によって決まるものです。相手のイエスをもらいたければ、条件の悪いものも混ぜておきましょう。

優柔不断な人を誘導したいとき①

2つの選択肢の中から選ばせる

POINT 優柔不断な人は、選択肢が多すぎることが選べない原因になっていることが少なくありません。「AとBどちらがいいですか?」といったように、あらかじめ選択肢を2択ほどにしぼって聞くと、スムーズに選んでもらえるでしょう。

優柔不断な人を誘導したいとき②

相手より先に決めて決断を伝える

POINT 失敗を恐れる人も優柔不断に陥ります。その際は、自分が先に決めてしまいましょう。「私はAにするけど、あなたはどうする?」と聞くと、失敗したとしてもその人のせいにはならないため、選ぶための心理的なハードルが低くなります。

決断を誘導したいとき

相手の話を注意深く聞き続けて相手に選ばせる

POINT 相手の話をじっくりと聞く「傾聴」も、決断を迫る際に有効な手法です。じっくりと相手の話を聞くことで、相手自身に気持ちを整理させ、あなたが何も言わなくても勝手に決断を下すようになります。

その場で決断させたいとき

雑音がする場所で交渉する

POINT 人は雑音がする場所では、集中して物事を考えることができません。ジャズバーのような音楽が大音量でかかっている店や、電車内など、大きな雑音がする場所で交渉すると、拒絶されにくいでしょう。

価格が安いと思わせたいとき

後出しで高額な選択肢を見せる

POINT 同程度の価格帯の商品AとBを売りたいとき、あとからより高い価格のCを紹介すると、AやBを安く感じ、買ってもらえる可能性が高くなります。選択肢は出す順番で受け取り方が変わるのです。

価値が高いと思わせたいとき

少し高い「プレミアム」が売れやすい

POINT 似たような商品が並んでいる場合、「プレミアム」や「スペシャル」といった言葉が商品名についた、少し高い商品が売れやすくなります。これは「価格が高い＝信頼でき、買ったときの満足度が高いだろう」という心理が原因です。

購入のハードルを下げたいとき

あと払いで購買意欲を刺激する

POINT クレジットカード払いなど、手持ちのお金がなくてもあとから払える選択肢を提示すると、購入の心理的なハードルが下がります。これは、人は現在のお金より未来のお金を軽視する傾向があるためです。

購入を後押ししたいとき

あと少しで特典があることを強調する

POINT 「あと○○円で送料無料」といったようにあと少しの差でお得な思いを味わえるとわかってもらえれば、日ごろは財布のひもが固い人でも、ついで買いを期待できます。おまけの場合は、「○○円相当」などとその本来の値段を伝えると効果が高いようです。

優越感を刺激したいとき

希少性をアピールする

POINT 「100個限定販売」や「○○人のお客様のみにお知らせ」など、他の人は手に入らない、知らないという希少性をアピールすることも購買意欲に関わります。持っているものが他の人と被らないという優越感も、購買意欲の刺激に一役買うのです。

信頼を高めたいとき

権威ある人のコメントでアピールする

POINT 新聞やテレビの報道でも、その道の専門家にコメントを求めることが日常的に行われています。「ハーバード大学教授推薦！」のように権威ある人からのコメントがあると、商品への信頼感が高まります。

怒りっぽい人と交渉するとき

食事をしながら交渉する

POINT 人は空腹が満たされると冷静になります。これは怒りっぽい人との交渉にも有効な手法です。もし相手に食事をすすめることができないときでも、自分は何かを食べておいたほうがいいでしょう。それによって、衝突を避けられるようになります。

また会いたいと思わせたいとき

盛り上がったところで帰る

POINT 別れ際の会話で「また会いたい」と思ってもらえるかどうかが決まります。会話が盛り上がり、少しずつ落ち着き始めそうなときが別れる絶好のタイミング。余韻を残して帰ることで、評価も高まります。

マイナスをプラスに変えたいとき①

不便なことを逆手に取る

POINT たとえばあなたが、都会に出るには不便な田舎の土地を売る仕事をしているとしましょう。「交通の便が悪い田舎です」と言うよりも、その不便さを逆手に取って「自然に囲まれた豊かな土地」と言えば、お客さんの心も動くでしょう。

マイナスをプラスに変えたいとき②

未来に希望を持たせる

POINT 相手に希望あふれる未来を想像させると、うまく誘導することができます。たとえば、田舎の土地を売るときには「10年、20年後にはたくさんの人が移住してきて便利になります。今の価格では到底買えなくなりますよ」などと刷り込むのです。

思わずイエスと言わせたいとき

2人でボケ役とツッコミ役に分かれて誘導する

POINT 2人組で役割分担をすると、交渉がうまくいくことがあります。たとえば、強気のツッコミ役（部下）を穏やかなボケ役（上司）がなだめるという構図で挑めば、相手は勢いに翻弄されるかもしれません。

相手の譲歩を誘導したいとき

「いい線いっていますね」で誘導する

POINT 相手からの依頼に不満があるときは「いい線いっていますね」と返答しましょう。すると、相手は「いい線ということは、もう一押しだな」と思い、最初に提示してきた依頼内容より、条件を譲歩してくれる可能性があります。

相手を洗脳したいとき

シンプルなキャッチフレーズを使う

POINT 人は複雑な理屈よりも、単純でわかりやすいキャッチフレーズで心を動かされるものです。アメリカの歴代大統領も「Yes We Can」や「Make America Great Again」といった明快なスローガンで、人々を惹きつけてきました。

約束を取りつけたいとき

具体的な言葉で誘導する

POINT たとえば、食事に誘うときに「いつか食事でも行きませんか」のように「いつか」「〜でも」といった曖昧な言葉を使うと、相手はあまり応じてくれません。「来週食事に行きましょう」のように、具体的に言うと、約束を取りつけやすくなります。

本音を引き出したいとき

ほんの少しだけ口を割ってもらう

POINT なかなか真意を明かしてくれない相手には、「差し支えない範囲で結構なので、教えてくれませんか」のような聞き方をしてみましょう。いきなり核心に迫る質問をするよりも、少しずつ口を割らせるほうが、最終的に知りたいことがすべてわかるのです。

反対意見を言われたくないとき

あえて重々しい雰囲気を作る

POINT 会議やプレゼンで自分の案を通したいとき、反対されそうだとあらかじめわかっていたら、人を緊張させる空気をあえて作ることが有効です。広くて声が響く会議室を使ったり、会議の進行を儀礼的にしたりすると、反対意見を言いにくくなるのです。

成長をどう導くのか

指導する

部下や後輩をやる気にさせたり、叱ったりすることも上司の役目です。そのような指導が必要なとき、心理術が役に立ちます。

成績がよくない部下を指導するとき

「期待しているよ」と褒める

POINT 成績が思うように振るわない部下は、叱ってもあまり効果はありません。それよりは、「あなたに期待している」という気持ちを伝えることで、期待に応えようとやる気を出します。期待を込めて褒めてみるようにしましょう。

打たれ弱い部下を指導するとき

優しい頼み方を覚える

POINT 乱暴な命令口調で仕事を頼んでしまうと、部下はやる気を失ってしまいます。「この書類、コピーしてもらえますか？」といったように優しく言うことで、相手も気持ちよく応じてくれるようになるでしょう。

部下に信頼されたいとき

自分の失敗を教えて親近感を抱かせる

POINT 部下との信頼関係を築きたいなら、失敗談がおすすめです。「私も昔こんな失敗をしてさ」といったように失敗談を話すと、部下が親近感を持ってくれ、あなたのためにがんばろうという気持ちを持ってくれる可能性があります。

部下にのびのびと働いてほしいとき

放任主義で適度に見守る

POINT 人は他人から見られているとわかると、ストレスを感じてしまいます。これは上司と部下の関係でも同じ。部下には適度に自由を与え、のびのびと仕事をさせると生産性が上がることがあります。

部下をやる気にさせたいとき

あえて「禁止事項」を作る

POINT 「やってはいけない」と言われると、その命令に反した行動を取りたくなります。これを利用して、部下にあえて禁止事項を与えてみましょう。「この仕事はまだ任せられない」と言われると、任せられるレベルまでがんばろうとやる気が出るのです。

部下に助言をするとき

アドバイスは必要最小限の回数だけ

POINT　アドバイスは必要最小限にとどめましょう。１日に何度もアドバイスをすると、煩わしく思われてしまい、効果を発揮しません。困っているときや、わからないことがあるときなど、必要最低限のアドバイスであれば、効率も上がります。

叱るタイミング

時間を置かずにすぐに叱る

POINT　叱らなければいけないことがあるときには、なるべくすぐ叱るようにしましょう。時間が空いてしまうと、「もう反省したのに、どうして今更怒られるのか？」と思われて、信頼関係にヒビが入りかねません。こうした不満は尾を引くこともあります。

叱る場所

他の人がいる前では叱らない

POINT　叱るときは、１対１が原則です。他の人がいる前で叱ると、叱られた本人は必要以上にプライドが傷つけられてしまいます。ただし、ちょっとした注意程度であれば、他の人の前ですることで、周りの人の気を引き締めるという効果もあります。

効果的な叱り方

短時間で叱る

POINT 叱る時間はできるだけ短くしましょう。時間が長くなると、叱られている内容よりも時間に気を取られてしまい、「早く終わってほしい」という気持ちに頭が支配されてしまいます。これでは反省もしてもらえず、逆効果です。

叱るときの言葉

プラスの言葉を取り入れながら叱る

POINT 叱る言葉の前後で、相手を褒めてみましょう。「いつもの仕事ぶりはみんなが評価している。だからこそ、今回の件はしっかりと反省するように」と褒めながら叱ると、受け入れられやすくなります。

他の人にも効果がある注意の仕方

1人の人だけ注意すると他の人も気が引き締まる

POINT 1人の人を周囲の人がいる場で注意すると、それを聞いた他の人も気を引き締めて行動するようになるでしょう。非常に簡単なやり方ですが、ただ注意するのではなく、あとから労わり、フォローするなど遺恨を残さない工夫も忘れてはいけません。

叱るときの姿勢

同じ目線に立って叱る

POINT 上司は座って、部下は立つ。もしくは部下は座って上司は立つ。このように目線が違う状態で叱ると、威圧感がかかります。目線は同じにし、「どうしたらミスをなくせるか一緒に考えよう」といったように、心の目線も揃えましょう。

部下を丸め込みたいとき

部下から間違いを指摘されたら「勉強になっただろう」と言う

POINT 部下を持つ上司といえど、ミスはあります。もしも部下からミスを指摘されたら「よく気づいたな、勉強になっただろう」とあえて部下に経験を積ませるために間違えたと言い切ってしまいましょう。信用を失わずにすみます。

控え目な部下を指導するとき

失敗したときの逃げ道を教えながら指導する

POINT 失敗を恐れると、どうしても行動が控え目になってしまいます。「失敗したら私が責任を取る」「難しかったら、その都度相談するように」といった具合に、逃げ道を見せながら指導すると、積極的に動いてもらいやすくなります。

失敗して自分を責める部下を励ますとき

本人の努力以外の原因を伝え気持ちを楽にしてあげる

POINT 失敗したときに「自分の努力が足りなかった」と反省する人は、成長が早い一方、燃え尽きやすい側面もあります。部下が自分を責めていたら、「運が悪かった」「難しい案件だったから仕方ない」などと言って、気持ちを楽にしてあげることも必要です。

モチベーションを維持させたいとき

能力ではなく努力を褒める

POINT 部下が成果を出したとき、努力やプロセスを評価すると、相手は自信が湧いてきて次も頑張ろうという気持ちになります。一方、能力の高さを褒めると、相手は「失敗してガッカリされたくない」と思い、難しい仕事を避けるようになるかもしれません。

相手との心の距離の尺度

信頼関係を築く

どんな相手でも、信頼関係を築いておくことで行動を操りやすくなります。地道なやり取りを積み上げげて、信頼を獲得しましょう。

会話で信頼関係を築きたいとき

会話のメッセージ量を増やす

POINT 会話の長さと信頼関係の強さは比例します。メールなどのメッセージでも「了解」ではなく、「いつもありがとう。とても助かりました」などメッセージの量を増やすだけでも、信頼関係が強くなります。

悩みに共感しているとわからせたいとき

否定疑問文を使って相手の悩みを当てる

POINT 否定疑問文とは「～ではないですよね？」といった言い方のこと。「夫婦仲で悩んではないですよね？」「仕事の決断で悩んではないですよね？」などと言われると、ついつい「わかってくれている」と思ってしまいます。

打ち合わせで信頼関係を築きたいとき

去り際の印象をよくする

POINT 打ち合わせが終わったら、去り際に感謝の言葉を伝えましょう。最後に受けた印象が、もっとも記憶に残ります。「貴重なお時間をいただき、ありがとうございました」「勉強になりました」などの感謝の言葉を用意しておきましょう。

親密感を演出したいとき

相手の名前を積極的に呼ぶようにする

POINT 名前を呼ぶと相手の注意を引き、話の内容をいい印象で受け取ってもらいやすくなります。挨拶をするときにも「○○さん、おはようございます」といったように、名前をつけるだけで印象がよくなります。

できる人だと思われたいとき

待ち合わせ時間を細かい時間にする

POINT 仕事ができると思われるには、多忙な人だという印象を与えればいいのです。そのために、待ち合わせの時間を15時10分や15分のように細かい時間にするのが有効です。分刻みの忙しいスケジュールで動いているように見せることができます。

もっと知りたい『心理法則』

Part 3

第３章で紹介した心理テクニックの裏付けとなる心理法則を紹介していきます。心理法則を理解することで、心理術の効果も十分に発揮されるでしょう。

ドア・イン・ザ・フェイス

引き受けてもらえないとわかっている大きな要求をして一度断らせてから、本命の要求をするテクニック。先にこちらが譲歩することで、相手にも「譲歩しなければならない」という気持ちを植えつけることができる。

参照ページ→P.98

フレーミング効果

言葉を言い換えることで思考の枠組みを再構築して、相手に抱かせる印象を変えること。たとえば、「１キログラム」を「1000グラム」と言い換えると、同じ重さのことを表していても違った印象を与えることができる。

参照ページ→P.98

社会的証明の原理

自分以外の大多数の人間が行っていることを、正しいことだと思い込んでしまう心理現象。人は他人の行動を参考にしながら、自分にとって正しいと思うことを判断して、自分の行動を決めている。

参照ページ→P.99

モデリング

他人の行動を手本としてよく観察して、同じ行動をしようとすること。「同一化」や「模倣」を含む概念。子どもが親や周囲の大人の真似をすることも、モデリングである。大人でも、憧れの人や芸能人、映画の登場人物に影響を受けて行動が変わることがある。

参照ページ→P.102

ランチョンテクニック

人は、食事中は否定的な気持ちになりづらい。このことを利用して、相手のイエスを引き出したい交渉を食事の席で行うテクニック。交渉は、食前や食後ではなく、食事の最中に行うと効果的。

参照ページ→P.106

バンドワゴン効果

「バンドワゴン」とは、パレードの先頭で列を先導する楽隊車のこと。「バンドワゴン効果」は、ある対象を大勢の人が支持していると、内容の正しさなどとは関係がなく、その支持が一層大きくなる現象。

参照ページ→P.107

スノッブ効果

ある対象に多数の支持が集まっているときに、大勢の人と同じであることを嫌がって、別の対象を支持しようとする現象。スノッブ効果が働くと、バンドワゴン効果とは反対に支持が小さくなる。

参照ページ→P.107

ウェブレン効果

周囲に見せびらかすために商品を購入して、支持を集めようとする現象。ものやサービスは高級・高額であればあるほど目立つことが多いため、見せびらかすために購入する人にとっては、値段が高いほど需要が高まる。

参照ページ→P.107

アンダードッグ効果

バンドワゴン効果と反対に、支持が集まらず弱い立場に置かれたものに対して、同情心から支持が集まる現象。この効果によって、劣勢から逆転することもある。「アンダードッグ」とは、負け犬という意味。

参照ページ→P.107

フィア・アピール

「フィア」とは、不安や恐怖という意味。人が持っている漠然とした不安や恐怖心を利用し、どうすれば不安を除去できるかを訴求する心理テクニック。保険の広告などで多用されている。

参照ページ→P.107

一貫性の原理

一度決心した信念や態度を曲げることなく、一貫した行動を取りたいという欲求。この心理を利用すると、一度お願いごとをして聞いてもらえれば、より面倒なお願いごとでも聞いてもらいやすくなる。

参照ページ→P.110

コントラスト効果

２つ以上のものを比較すると、実際の違い以上に大きな違いのように感じる心理現象。「対比効果」とも。飲食店の松竹梅に分かれたメニューや高級品の商談の場などで用いられている。

参照ページ→P.114

誤前提暗示

人は選択肢を提示されると、前提となっていることに意識を向けず、その選択肢の中から選んでしまいやすくなるという心理現象。たとえば「A とB のどちらにするか」と聞くと、両方とも断られる可能性が少なくなる。

参照ページ→P.115

カリギュラ効果

「やってはいけない」「見てはいけない」などと言われると、かえってやりたくなってしまう心理のこと。人は強く禁止されると、余計に好奇心を刺激されて、対象への興味を増してしまう。

参照ページ→P.123

第 4 章

自分の印象をよくする心理術

この章では、気になっている人とのコミュニケーションを通じて、相手から見た自分の印象をよくするテクニックを紹介しています。自分の好意を相手に伝え、距離が縮めるためのちょっとしたコツを学びましょう。

思いがダイレクトに伝わる

2人で話す

2人きりで話すときは、相手から自分へ好意を抱いてもらう絶好のチャンスです。こちらの好意が伝わる話し方を知りましょう。

好印象を与えたいとき

特にお願いしたいことがなくてもお願いしてみる

POINT 相手に好印象を与えたいなら、小さいことでもよいので、あえて頼みごとをしてみましょう。そうすることで、相手はあなたから頼りにされた満足感や優越感を味わいます。特に親分気質のリーダータイプには、抜群の効果を発揮するでしょう。

頼りにされていると思わせたいとき

小さなお願いごとを何度かする

POINT 人は頼みごとをされると「頼りにされている」と感じます。この気持ちが「頼みごとに応えているのは自分も好意を持っているから」と錯覚するもとになるのです。こうして小さな頼みごとを積み重ねていくと、2人の関係性も好転するかもしれません。

相手からの好意を長続きさせたいとき

会話の中に相手の名前をちりばめる

POINT 会話の端々で相手の名前を呼び合うようにすると、お互いの好意が長続きします。冷めてしまうカップルの中には、「おい」や「ねえ」などと、名前で呼ぶことやめてしまった人も多いのかもしれません。

親密になりたいとき

2人きりになれるチャンスを絶対に逃さない

POINT 親密な関係になりたければ、とにかく1対1になれるチャンスがないか考えましょう。他の人がいない分、人の目も気にならず、2人きりでじっくりと話ができるため、親密になれる可能性が高まります。

絆を強くしたいとき

コンプレックスを話す

POINT 自分の自慢を聞かせるよりも、弱みやコンプレックスをさらけ出すほうが好感度は上がりやすくなります。コンプレックスが相手と自分との共通の仮想敵となり、結束力を強くすることができるのです。

一緒にいて楽しいと思わせたいとき

会話では聞き役に徹する

POINT 会話での原則は、話すよりも聞くことです。人は話すことで快感を覚えますが、必ずしも聞いている側もそうとは限りません。だからこそ相づちや表情、姿勢など、親身になって聞いている姿勢を示すと、信頼関係を築くことができるのです。

また会いたいと思わせたいとき

急に予定を思い出したふりをして話を終わらせる

POINT 話が盛り上がっているところで急に、「予定を思い出したから今日はこれで」などと中断します。すると、相手は「続きが聞きたい」という気持ちになるので、次に会う予定をスムーズに取り付けることができるでしょう。

熱意を伝えたいとき

早口で情熱を込めて話す

POINT 熱意を込めて、早口で話すと相手から信頼されやすくなります。一生懸命に話している姿勢が評価されるのです。ただし、熱意が伝わらなければ、何か後ろめたいことがあってごまかすために早口で話していると思われるので注意しましょう。

相手のスペースに合わせたいとき

若者には早口、年配の人にはゆっくりと話す

POINT 人は年を取るほど、体感の時間が遅くなっていきます。そのため、年配の人と話すときには、その人の時間感覚に合わせる必要があります。若者と話すときは早口で話しても問題ありませんが、年配の人にはゆっくりと話すようにしましょう。

メールで相手の好意をはかりたいとき

強調する言葉、ポジティブな表現が多ければ好意がある

POINT メールやＬＩＮＥなどでコミュニケーションを取るときに、「すごく」「本当に」などの強調語や「うれしい」「楽しい」といったポジティブな言葉が多用されていたら、相手はあなたに好意を抱いている可能性が高いです。

好意を抱いている人と話すとき

相手の真横に座る

POINT 相手の正面に座ることは避けましょう。圧迫感を与えてしまい、無意識のうちに警戒心を抱かれてしまいます。そのため、好意を持ってほしいなら、親密な関係を構築しやすい、横に座るといいでしょう。

心の距離の尺度を知る

話す距離

心を許している相手かどうかによって、向き合う距離が無意識に変わります。相手との関係にふさわしい距離感で話しましょう。

恋人と話すとき

0 ～ 15cm の距離で話す

POINT 「密接距離（近接相）」という距離です。他人に入られると不快に感じる範囲のことを「パーソナルスペース」と言います。密接距離（近接相）はパーソナルスペースにもっとも近く、恋人同士が好む距離感です。

家族と話すとき

15 ～ 45cm の距離で話す

POINT 「密接距離（遠方相）」という距離です。容易に触れ合えて、相手の表情がよくわかるため、家族のように親密で信頼できる関係の人同士で許される距離です。満員電車などはこの範囲に他人が入ることになるので、人は強い不安やストレスを感じます。

友人と話すとき

45 ～ 120cm の距離で話す

POINT 「個体距離」という距離です。手を伸ばせば相手に触れることができます。友人や知人など、面識があり、ある程度心を許し合っている人同士がとる距離です。内向的な性格の人は、外交的な人よりもこの距離がさらに広くなる傾向があります。

初対面の人と話すとき

1.2 ～ 3.5m の距離で話す

POINT 「社会距離」という距離です。手を伸ばしても相手に触れることはできませんが、会話をする分には問題ない、安心できる距離感です。初対面の相手やビジネス上の付き合いといった場面で多用されます。

大人数の前で話すとき

3.5 ～ 7m の距離で話す

POINT 公的距離という距離です。表情が読み取りにくく、個人的なやりとりは難しいため、主に大人数の観客や複数人の相手とコミュニケーションを取るときに用いられ、講演や面接試験など、個人的な関係というよりも公的な関係であるときに用いられます。

気持ちを言葉に乗せる

言葉遣い

ちょっとした言葉の選び方で、印象はガラッと変わるものです。相手から好かれる言葉遣いを知って、使いこなしましょう。

知り合ったばかりの人と話すとき

褒め言葉は知り合って浅いうちこそ効く

POINT 人は長い付き合いのある人から褒められるよりも、付き合いが浅い人から褒められるほうがよりうれしいと感じるものです。つまり、知り合って間もないうちこそ、相手を積極的に褒めることで、喜ばれ、親密になれるのです。

思いやりの気持ちを伝えたいとき

誰にでも当てはまる言葉でもなぐさめる

POINT 「最近疲れているみたいだね」「何か悩みがあるんじゃない？」といった一見相手を特別思いやっているようだけれど、誰にでも当てはまるような言葉でも、相手の信頼を勝ち取るのには有効なのです。

前向きな印象を与えたいとき

ポジティブな言葉を選ぶ

POINT ある商品を売り込むとして「最近あまり売れていないのですが」と言うのと、「ロングセラーの定番商品です」と言うのとでは、どちらがいい印象を持つでしょうか。もちろん、後者でしょう。ポジティブな言葉は相手に前向きなイメージを与えるのです。

信頼されたいとき

断定口調は使わないようにする

POINT 「絶対」「100%」などの断定口調は、相手をムッとさせてしまう可能性があります。あなた自身の魅力を損なうことにつながりかねないため、強い断定の口調ではなく、ソフトな口調を心がけましょう。

相手の気を引きたいとき

夢に出てきたと伝える

POINT 夢に出てくるくらい、いつも相手のことを考えているということをほのめかすことができます。印象をよくするコツは、いい夢だったと話すことです。2人で楽しく遊んだ、食事をしていたなど、楽しい夢だったことを忘れず伝えましょう。

相手への好意をほのめかしたいとき

前に話していたことを思い出して話す

POINT 「このあいだ話していた映画を観たよ」といったように、前に相手から聞いた話の続きをしましょう。相手に興味（好意）があることを、さりげなく伝えられる有効な手法です。

特に強く気を引きたいとき

「会ったことないタイプの人」と言って特別扱いする

POINT 「不思議な人」「今まで出会ったことのない人」など、特別扱いをする言葉をかけてみましょう。相手をあなたの人生に特別な影響を与えている唯一無二の人だと思わせ、好感を持たれやすくなります。

強い絆を築きたいとき

主語を「僕たち」「私たち」にして連帯感を出す

POINT 会話の主語を「僕たち」「私たち」と大きくすることで、２人の間に連帯感を築くことができ、心理的な結びつきが強くなります。「一緒に」「お互いに」といった言葉にも同様の効果が望めるので、さりげなく会話に取り入れてみましょう。

男性を褒めたいとき

成果や能力を褒める

POINT 男性は「成果」を褒められるとうれしくなる傾向があります。仕事などで何か達成したことがあるようならば、「あの企画を通したのはすごい！」というように褒めましょう。相手は自尊心をくすぐられて、あなたへの印象もよくなるでしょう。

女性を褒めたいとき

プロセスを褒める

POINT 女性は物事を進める「過程」を褒められると喜ぶ傾向があります。たとえば、「毎日コツコツやっていてえらいね」など、日々の努力を褒めましょう。がんばる姿を見ていてくれたことに喜びを感じ、あなたへの印象もよくなるでしょう。

部下を励ましたいとき

部下には禁止形で励ます

POINT 部下を励ますときには、「がんばれ」は逆効果になります。本人はすでにがんばっているつもりなのに「がんばれ」と言われると、反発したくなります。その場合、「がんばりすぎるな」「無理をするな」という禁止形を使った励まし方が有効です。

相手の気持ちに寄り添うとき

話を聞く

POINT 会話では、自分が話すことよりも、相手の話を聞くことを重視しましょう。話の聞き方を変えるだけで、相手に与える印象をコントロールできます。

話の聞き方で好印象を与えたいとき

メモを取りながら話を聞く

POINT 相手の話を聞きながらメモを取っていると、話の内容を確認できるだけでなく、相手が「自分の話を一生懸命に聞いてくれている」と思ってくれます。すると印象がよくなり、信用して心を開いてくれるようになるでしょう。より真剣に話してくれます。

さらに距離を縮めたいとき

バーで隣り合って話を聞く

POINT バーのカウンターでは、近い距離で隣り合って座ります。そのため、相手が心を許した人しか入れないパーソナルスペースに、自然に入りこむことができます。また、向き合って座るよりも心理的な壁がなく、話も弾みやすくなります。

食事に行くとき

相手が好きなものがある
レストランに連れていく

POINT 一緒に食事をすると、人は批判的な考えになりづらく、警戒心が緩みます。さらに、相手が好きな食べ物を調べることで恩義を感じてもらい、好きなものを食べながら話すことでより快感状態になってもらえば、あなたの印象はよりよくなるでしょう。

相談を聞くとき

「私」を主語にして
相談に答える

POINT 人から相談をされたら、主語を「あなた」ではなく「私」にして答えましょう。「(あなたは) こうしたらいいよ」と言うのではなく、「私だったらこうする」「私も悲しい」と共感をあらわしながら答えると、信頼関係を築くことができます。

驚きを強調したいとき

倒置法を使って
リアクションをする

POINT 相手の話に驚いたことを伝えるとき倒置法を利用すると、自尊心をくすぐり印象がよくなります。たとえば、「本当にそんなことがあるんですね」を「あるんですね、本当にそんなことが」とすると、より真実味を増したリアクションに聞こえるでしょう。

口よりも雄弁に語る

しぐさ

普段のしぐさを意識して変えてみるだけで、活発な人、頼もしい人など、プラスの印象を持ってもらいやすくなります。

安心感を与えたいとき

身振り手振りを大きくする

POINT 少し大げさなくらいの動きを心がけると、相手に頼もしい人だと思われるでしょう。また、大きな身振り手振りには自分をリラックスさせる効果があり、緊張がほぐれ、落ち着いて話すことができます。

活発な印象を与えたいとき

あごを少しだけ上げる

POINT あごを20度だけ上げると、快活な印象を相手に与えることができます。ただし、注意したいのはあごを上げすぎること。上げすぎてしまうと、態度が大きく、見下しているような印象になってしまう恐れがあるので注意しましょう。

頼りになる印象を与えたいとき

背筋を伸ばして歩く

POINT 背筋を伸ばして大股で歩くと、明るく活発な印象を与えることができます。反対に、猫背でうつむきがちに歩いていると、元気がなく頼りない印象になり、マイナスのイメージを植えつけてしまいます。

信頼を得たいとき

最後まで何度も相づちを打つ

POINT 相づちは、話の最初のほうは打っていても、だんだんと時間が経つにつれ、打つ回数が減っていくものです。話し手は聞き手が相づちを打っていると「わかってもらえた」と安心します。相づちは「回数を多く、最後まで」を心がけましょう。

自然にアイコンタクトをしたいとき

相手のまばたきの回数を数える

POINT 目を見て話すことに苦手意識を持つ人もいるでしょう。そんな人は、無理に相手の目を見て話そうとするのではなく、１分間相手のまばたきを数えるようにすると、自然なアイコンタクトができるようになります。

相手の目に入る最初の情報

身だしなみ

服装や表情などの身だしなみも、相手に好印象を与えるために利用できます。少し変えるだけでも効果的です。

注目を集めたいとき

普段と違う服装で違和感を覚えさせる

POINT 相手に違和感を与えることは、自分をアピールする有効な手段です。たとえば、普段は大人しい服装をしている人が、急に派手な色の服を着始めると、本人は周囲は「何かあったのかな？」と考え、勝手に気にかけてくれるようになります。

デートで好印象を与えたいとき

顔の左側を見せる

POINT 恋愛では、相手に自分の顔の左側を見せるのが有効です。左側は感情を司る右脳の影響を受けるため、感情が出やすく、よい感情を持っているならやわらかな表情になります。デートではなるべく相手の右側に行き、左側の顔を見せるようにしましょう。

仕事で好印象を与えたいとき

顔の右側を見せながら話す

POINT 右側の顔は、左脳の影響を強く受けます。左脳は、論理的な考え方をするため、その影響で右側の顔が知的に見えるのです。凛々しく、かっこよく見せたいのなら、相手を自分の右側に座らせましょう。

威厳を出したいとき

黒のスーツで威厳を演出する

POINT 黒のスーツは威厳を感じさせます。若手でも商談やプレゼンに黒のスーツを着ていくことによって、未熟さを多少カバーできることもあるのです。信頼感を演出したい場合にそなえて、1着は黒のスーツを持っていたいものです。

印象を操作したいとき

ネクタイや小物の色を変える

POINT 医師の手術着に緑が多いのは、緑色には人の気持ちを落ち着かせる効果があるからです。ほかにも、フレンドリーな印象を与えたいときには、黄色のネクタイや小物を取り入れるとよいでしょう。社交的な雰囲気を演出できます。

心の様子があらわれる

態度

自分をさらけ出す自己開示の姿勢は、相手からの開示も促す効果があります。好印象を引き出す態度を身につけましょう。

親密になりたいとき

包み隠さず自分のことをさらけ出す

POINT 自分のことを隠そうとせず、ありのままにさらけ出すことによって、相手に「あなたのことを信頼しています」というメッセージを送ることができます。そうすることで、相手も自然と自分のことを話してくれるようになり、親密になることができます。

積極的に信頼を勝ち取りたいとき

あいさつは自分からする

POINT 元気よくハキハキとしたあいさつは、信頼を勝ち取るためのもっとも簡単な方法です。キーワードは、「先手必勝」。相手から声をかけられるまで待つのではなく、自分から先んじて声をかけることで、印象がよくなります。

人から呼ばれたとき

すぐに反応する

POINT 人から名前を呼ばれたら、すぐに返事をして、体を呼ばれた人の方へ向けましょう。たとえ忙しくても、返事が遅いと自分勝手な人だと思われてしまいかねません。素早く反応することで、相手を尊重する気持ちを示すことができるのです。

ボディタッチをするとき

体に触るのは親しくなってから

POINT ある程度互いに信頼できるようになってきたら、さらに仲を深めるために、ボディタッチが有効なこともあります。その場合、二の腕が無難だと言われています。ただし、ぎこちない態度で触るとかえって悪印象を与えることもあるので、注意が必要です。

相手からの好意を長続きさせたいとき

尽くしすぎず、尽くされすぎないようにする

POINT カップルであれば、相手に尽くしすぎるのも、尽くされすぎるのも避けたほうがよいでしょう。片方が尽くしすぎてしまうと、どうしても尽くされているほうからの見返りを期待してしまうからです。これが好意が長続きしない原因にもなってしまいます。

親近感を持たせたいとき

適度に弱いところを見せる

POINT 人は相手から弱みを見せられると、親近感を抱きやすいものです。普段は自分をよく見せようと努力していても、時には弱みを見せたり、周囲に頼る勇気を持つと、周囲からの印象も変わるでしょう。

苦手な人との関係をよくしたいとき

無理してでも あたたかいリアクションをする

POINT 相手が多少苦手な人でも、冷たい態度を取ってはいけません。相手も態度が冷たくなり、ますます関係が冷え込んでしまいます。初めは無理にでも明るく振る舞うことで、関係がよくなっていくのです。

特別感を持たれたいとき

意図的にツンデレを作り出す

POINT 普段は「ツンツン」しているのに、2人きりになると「デレデレ」と甘えることを「ツンデレ」といいます。このように振れ幅を大きくすることで、自分だけに見せる姿に特別感を持ち、相手の好意を勝ち取ることができるのです。

好意を持たれたいとき

会う回数を増やす

POINT 好感度を高めるには、相手と会う回数を増やすことが有効です。人は会う回数が多い人ほど、好意を抱きやすいと言われています。さらに、人間的な側面を知るとより好意を抱きます。会う回数を増やしつつ、自分のことも話していきましょう。

会話中に笑顔を作りたいとき

話の終わりを無言の「い」で締める

POINT 話し終えた瞬間の表情は、その人の印象を大きく左右します。話し終えたら、無言で「い」の口をするだけで、魅力的な笑顔を作ることができます。企業の受付係でも使われているテクニックです。

魅力的な笑顔を作りたいとき

笑うときは、声を必ず出す

POINT 笑うときには、顔だけでなく、声も出しましょう。顔だけで笑うと、作り笑いに見えたり、皮肉っぽい笑顔に見えたりしてしまいがちです。声を出すことで、本心から笑っていることが伝わるでしょう。

以降の印象を左右する

初対面

初対面は、その後の関係を決定づけてしまうほどの大切な場面です。初めの一歩でいい印象を与える方法を学びましょう。

名刺交換のとき

名刺交換のあとに握手をする

POINT ビジネスにおいて初対面の名刺交換が重要なことはご存じでしょう。ここで、ただ名刺交換をするだけでなく、握手も求めてみましょう。力と心がこもった握手を３秒するだけで、相手は「情熱のある信頼できる人」と見なしてくれ、印象がよくなります。

第一印象をよくしたいとき

話よりも見た目を重視する

POINT 人の印象は見た目→話し方→会話の内容の順番で影響を受けます。つまり、話し方や言葉の選び方をどれだけ学んでも、見た目で受け入れてもらえなかったら意味がないのです。服装や態度を第一優先で見直しましょう。

初対面で挨拶をするとき

普段よりも丁寧にお辞儀する

POINT 第一印象は相手の頭に強く残ります。その後の関係をよくするために重要なのは、お辞儀の仕方です。お辞儀に気を遣っている人は少ないため、丁寧なお辞儀を心がけるだけで他の人よりもいい印象を持たれやすくなるでしょう。

出会いの一瞬の印象をよくしたいとき

目を見開いてから笑顔を作る

POINT 人は、好きなものや興味の強いものを見ると、無意識に目を見開きます。初対面の人と会った瞬間に、少し眉を上げて目を見開いてから笑顔を作るようにすると、「出会えてうれしい」という歓迎の気持ちを伝えることができるのです。

緊張しても笑顔を保ちたいとき

意識して口角を上げる

POINT たとえ作り笑いでも、無表情でいるより第一印象はよくなります。とはいえ、初対面で緊張していると、笑顔でいるのは難しいかもしれません。そんなときは、少し唇の両端の口角を上げているよう心がけるだけでも、微笑んでいるように見えます。

見た目で与える印象を変えたいとき

与えたいイメージに合わせた眼鏡をかける

POINT 眼鏡はフレームのデザインによって、与える印象が変わります。たとえば、黒縁は知的な印象。丸眼鏡は親しみやすさ。四角は信頼。フレームが細い眼鏡は柔らかく、優しげな印象を与えます。眼鏡で印象をコントロールしてもよいでしょう。

初対面で相手の心を開きたいとき

あらかじめ相手の情報を仕入れておく

POINT 人は自分のことをわかってくれている人に心を開きやすくなります。初対面の相手と会う前に、その人の情報をあらかじめ仕入れ、情報を会話の端々に入れていくと、相手から信頼してもらえるでしょう。

警戒されたくないとき

目の前には立たない

POINT 初対面のとき、相手の正面から近づくことは控えましょう。面識のない相手に目の前に立たれてしまうと、警戒心を抱きやすいのです。警戒心が薄いとされる、相手の右側から近づくようにしましょう。

高く評価されたいとき

優れた要素をひとつだけ強調

POINT 人の印象は、たったひとつの要素で大きく変わってしまいます。人は、高い学歴や実績、優れた肩書きなどをひとつでも持っている相手を、無意識に高く評価しがちです。初対面で優秀だと思われるには、あれもこれもとアピールする必要はありません。

初対面の人を紹介するとき

まずはその人のいい部分を正確に伝える

POINT 付き合いのある人へ、初めて会わせる人を紹介するとき、最初に述べる情報は重要です。先にポジティブな面を伝えると、その後に話す内容も素直に受け取られますが、先にネガティブな面を述べると、何でも悪く解釈されてしまうことがあります。

好意を抱いてほしいとき

釣り合っていると感じさせる

POINT 人は身体的魅力が自分と釣り合っている人を好きになりやすい傾向があります。身体的魅力以外でも、外見と経済力、知性と優しさなど、他の要素も含めて釣り合っていれば魅力を感じるものなのです。

相手の心を前向きに動かす

好意を抱かせる

恋人同士やデートなど、相手に好意を持ってもらいたい、好意を長続きさせたいときなどに、心理術が活躍します。

デートで好意を抱かせたいとき

一緒にドキドキする体験をしてみる

POINT 一緒にドキドキする体験をすると、人は恋愛のドキドキと混同してしまいます。これを利用して、ホラー映画やお化け屋敷、ジェットコースターに行き、意図的にドキドキするシチュエーションを作ることで、恋愛が成功する可能性が高まるでしょう。

告白したいとき

失敗しそうでも告白してしまう

POINT 気になる相手には、結果を気にせず告白してしまいましょう。人は好意を寄せられていると知ると、相手のことを意識せずにはいられなくなります。告白が失敗したとしても、相手に自分のことを意識させることで次のステップに進めるのです。

頼られたいとき

不安を煽ってから助けてあげる

POINT 「このままだと悪い結果になります」などと脅したあとに「でも、これを使えば大丈夫」と救うことで、人は安心感を得て好感度が上がります。詐欺師が使う有名なテクニックでもありますが、正しく使うと頼れる人だと思われる、よい手法になります。

自分が軽く見られているとき

第三者を使って風評効果を狙う

POINT 自分が軽く見られている状況を打開したいときは、別の人物から自分のいい評価を吹き込んでもらいましょう。「彼は◯◯の専門家なんですよ」となんでもよいのであなたの権威を強調してもらうと、相手はあなたに興味を持つようになります。

マンネリを打開したいとき

相手の嫉妬心を煽って刺激する

POINT 恋人以外の人と親密だというところを恋人に見せたり、誰かに言い寄られていると打ち明けたりすると、相手の嫉妬心を刺激することができ、マンネリを打破できることもあります。ただし、感情的になりやすい相手には効きすぎてしまうので要注意。

もっと知りたい『心理法則』

Part 4

第４章で紹介した心理テクニックの裏付けとなる心理法則を紹介していきます。心理法則を理解することで、心理術の効果も十分に発揮されます。

ゼイガルニク効果

話が盛り上がってきたところで中断されると、続きが気になる心理現象のこと。テレビのバラエティ番組やドラマでもＣＭや次週への誘導に使われているテクニック。他人に行動を制限されたことで、逆に欲求が高まる心理が働き、効果があらわれる。

参照ページ→P.138

アロンソンの不貞の法則

人はすでに知り合っている親しい人よりも、初対面などの関係が浅い人からかけられた言葉のほうが、客観的な判断だと感じ印象に残るという心理現象。関係が深い人からの言葉は、親密さゆえに誇張されたものだと感じ、承認欲求が満たされないのである。

参照ページ→P.142

バーナム効果

占い師が客にかける言葉のように、誰にでも当てはまることなのに、言われてしまうと自分のことだと信じ込んでしまう心理効果のこと。自分にとって都合のいい情報だけを無意識的に集め、それ以外を排除してしまう、確証バイアスが働くことで起きる。

参照ページ→P.142

プライミング効果

相手から最初に与えられた情報が、あとになってから影響を及ぼす暗示の心理効果のこと。自分から使えば先入観を植えつけることもできる。ある単語を10回言わせてから問題に回答させる、「10回クイズ」も、この効果によるものである。

参照ページ→P.144

インタビュー効果

メモを取りながら話すことで、より多くの情報を引き出すことができる効果のこと。メモを取られることで自分に注目されていると感じ、より多くの情報を与えようという気持ちになる。さらに相手の顔を見たり、相づちを打つ、質問をするなどでより効果が上がる。

参照ページ→P.146

自己開示

自分の秘密を他人に打ち明けること。いいところも悪いところもありのままに伝える。自己開示をされると、相手は自分も自己開示をしなくてはならないという心理になる。積極的に自己開示を行うことで、自分を理解してもらえ、信頼感を与えることができる。

参照ページ→P.152

返報性の原理

人は一方的に他人から物を与えられたり、施しを受けたりすると罪悪感を抱き、お返しをしたいと思う心理のこと。ただし見返りを迫ったり、高価すぎるものを贈るなどするとうまく働かない。あくまでも相手との関係を考え、釣り合うことをしてあげなければならない。

参照ページ→P.152

悪意の返報性

相手からの好意に対してお返しをしたくなる返報性の原理とは反対に、「悪意の返報性」は、冷たい態度や攻撃的な言動、悪口に対しても同様にお返ししたいと思う心理を指す。ほかにも、「譲歩」「自己開示」返報性がある。

参照ページ→P.154

ザイアンスの法則

①人は知らない人に対して冷淡で攻撃的である、②人は会う回数が多くなるほど好意を抱く、という２つの心理効果のこと。「人」相手だけでなく、場所や物に対しても、同じようにこの法則が当てはまる。

参照ページ→P.155

単純接触効果

接触回数が増えるほど、好感度が高くなる心理現象。人間関係だけでなく、ＣＭや選挙活動でも有効。無限に高くなっていくのではなく、10回がピークで、それ以上は印象に影響を与えないというデータもある。

参照ページ→P.155

メラビアンの法則

聞き手が話し手から印象を受ける順番のこと。①見た目や態度の視覚情報、②声や話し方の聴覚情報、③会話内容の言語情報、という順で影響を受ける。その割合は、視覚情報55％、聴覚情報38％、言語情報７％。

参照ページ→P.156

類似性の法則

人は自分と共通点がある人に親近感を抱く。性別や価値観などさまざまな要因によって作用する。共通点が多いほどに自己を肯定されたように感じ、強力になる。反対に、「同族嫌悪」という言葉があるが、これは自分の欠点を感じ取り不快になるためだと言われている。

参照ページ→ P.159

吊り橋効果

不安や恐怖を一緒に体験した人に対して恋愛感情を抱きやすいという心理効果。お化け屋敷や絶叫マシンに一緒に乗ると距離が縮まるといった例も。ただし、美男美女でないと効果はあらわれず、それ以外の人へはむしろ好感度が下がるという結果が出ている。

参照ページ→ P.160

ウィンザー効果

直接知った情報よりも、第三者から伝えられた間接的な情報のほうがより信頼性が増すという効果。たとえば、ある飲食店で評判のいい口コミがあるとき、書いている第三者は店と利害関係がない、つまり嘘をつく必要がないために信用できる情報だと判断する。

参照ページ→ P.161

第 5 章

感情をコントロールする心理術

心理術は他人の内面を知ったり、行動を操ったりするだけでなく、自分自身の心を制御することにも役立つのです。この章では、イライラを鎮めたり、やる気を出したいときにすぐにできる心理術を紹介しています。

負の気持ちを出さない

怒りを鎮める

ついカッとなってしまいそうなときでも、怒りをコントロールできるようにしましょう。原因によってさまざまな対処法があります。

相手の行動に怒りを感じたとき

6秒間だけ冷静に待ってみる

POINT 人の怒りは、6秒でピークがすぎると言われています。怒りを感じたら、すぐにそれを表に出すのではなく、まずは感じた怒りに点数を付けるなどして6秒我慢してみると、すっかり収まってしまうかも。

悪意ある行動に直面したとき

「相手も故意にやったのではない」と思い直す

POINT 相手の行動に「悪意がある」と思うのをやめてみましょう。相手も偶然やってしまったことだと考え直すと、怒りは自然と収まっていきます。相手に謝ってもらえたのなら、それで終わりとしましょう。

怒りを鎮めたいとき

自己暗示をかけて客観的になる

POINT 怒りを感じたときには、「私は今とても落ち着いている」と自己暗示をかけてみましょう。目の前の嫌な出来事を他人事として客観的に見ることができ、ネガティブな感情を追いやることができます。

挑発されたとき

深呼吸してリラックスする

POINT 人は怒りを感じているときは、筋肉がこわばり、心拍数が上がります。そんなときこそ、一度深呼吸をしてリラックスしましょう。交感神経の働きが低下し、副交感神経が活発に働くようになります。

嫌味を言われたとき

傷ついたそぶりを相手に見せないようにする

POINT 嫌味を言われて傷ついたそぶりを見せると、ますます相手は喜んでしまいます。気にしていないそぶりを見せると、「反応がなくてつまらない」とこちらに構わなくなったり、「言いすぎたかも」と勝手に反省してくれる場合もあるかもしれません。

理不尽に上司から怒られているとき

冷静に相手のことを観察する

POINT 自分に非がないにもかかわらず口汚く怒られているときこそ、冷静に相手を観察してみましょう。「同じことばかり言っているな」「嫌なことでもあったかな」などと、相手に対する怒りや反省とは別の感情を保てるため、気持ちが落ち着いてきます。

批判されているとき

自分に対して言われた言葉をポジティブにとらえる

POINT 相手から厳しく批判されているときは、言葉を額面通りに受け取ることをやめてみましょう。「ふざけるな！」と言われたら、「この人は、私が普段は真剣に仕事をしていると思ってくれているんだ」などポジティブな言葉に変換するのです。

相手のイライラを鎮めたいとき

自分のことを「おもてなしのプロ」だと思い込む

POINT 普段と違う自分を心の中で演じてみましょう。相手から嫌なことを言われたときでも、「自分は一流のホテルマンだ」「おもてなしのプロだ」などと思い、演じると、イライラを受け流すことができます。

負の感情を抑えたいとき

大切な人のことを考えて「ありがとう」と言う

POINT 幸せで満ち足りた気持ちは、負の感情を抑えるのに大変有効です。イライラしたときに、大切な人を思い浮かべて「ありがとう」とひと言言うことで、幸せな気分を呼び起こすことができます。

イライラを鎮めたいとき

単純作業に徹する

POINT イライラすると、考えないようにしても考えてしまうものです。そんなときは別の考え事をしましょう。単に数を数えるといった単純作業や、旅行したい場所などのポジティブな考えごとがいいでしょう。

イライラの原因を突きとめたいとき

原因を考えて「○○のせいで怒っている」と宣言する

POINT イライラは原因を突きとめてみると、すっきりすることも。原因を分析したら「○○のせいで怒っている」と宣言をします。１～３分ほど、この宣言を繰り返すと、ネガティブな感情が吐き出されて、リフレッシュできるでしょう。

心の視野が明確になる

悩みを解消する

モヤモヤと悩み続けてしまい、物事がなかなか手につかないときでも、心理術をうまく使えば気分が晴れやかになります。

落ち込んでいるとき

休憩を入れて気分転換をする

POINT 落ち込んで思うように物事が手につかないときは、思い切って休憩を取りましょう。一度離れることで気分転換ができ、それまでとは違った新鮮な気持ちで向き合うことができるようになります。

モヤモヤしているとき

モヤモヤしている原因を紙に書き出す

POINT なんとなくモヤモヤとして気分が晴れないときは、そのモヤモヤの原因がわからないことが理由になっています。そんなときは気になっていることをすべて紙に書き出してみましょう。もし、原因が見つからなかったとしても気持ちが落ち着きます。

不安を感じたとき

「なんとかなる」「大丈夫」と心の中で何度も唱える

POINT 悩みや気になることがあるときには、どうしても思考がネガティブになりがちです。そんなときは「なんとかなる」「大丈夫」を口ぐせにしましょう。悩みすぎるのを防ぎ、気持ちが楽になります。

トラブルに巻き込まれたとき

解決したあとのことを想像してやるべき行動を考える

POINT 目の前のトラブルに対処するのに憂鬱になっているときは、解決までの道筋が明確に見えていないことが憂鬱の原因です。まずは解決後の姿をイメージして、そこから逆算して対応策を考えてみましょう。

スランプを終わらせたいとき

スランプ後に成功している自分の姿をイメージする

POINT スランプに陥ったときは、成功してからの自分を想像してみましょう。そこから、成功までに今の自分ができることや、伸ばすべき能力を思い描くことができ、自信が回復してくるでしょう。

ストレスを感じたとき

日常的に少しずつ発散していく

POINT ストレスはできるだけ溜めないようにするのがポイントです。趣味や運動、友人と会うなど、日常的に少しずつ発散していくと、にこやかに過ごすことができます。また、自分がストレスを溜めているのか、セルフチェックすることも重要です。

ストレスを溜めないために

競争意識を低く持つ

POINT ストレスを溜めやすい人の特徴のひとつに、周囲の人に対する競争意識が強いという性格があります。競争にこだわらず、自分のペースで物事に取り組める人は、ストレスを溜めにくい傾向があります。

優柔不断をやめたいとき

期限を区切って決める

POINT 優柔不断で迷ってしまうのは、いくらでも迷える時間があるということも原因です。「○時まで」「○日まで」など、決断する期限を区切ると、時間を無駄にせず、行動を始めることができます。

何が何でも決めたいとき

運に任せるというルールを作る

POINT サイコロやコイントス、鉛筆を転がすなど、ランダムなものに決定を委ねるのも有効です。もしも、決まったものに納得がいかないときには、自分が本当に選びたいものが見えてくるかもしれません。

後悔をしたくないとき

やった後悔よりもやらなかった後悔のほうが大きいと知る

POINT 後悔を恐れる気持ちが優柔不断のもとになります。そもそも後悔とは、やったことへより、やらなかったことに対するほうが大きくなります。やるか、やらないかで悩んだらまずはやるようにすると、のちのち後悔が小さくなるでしょう。

不満を解消したいとき

理由をつけて正当化する

POINT うまくいかなかったときに「◯◯のせいだ」と理由をつけて正当化するのは、ストレスから身を守るための防衛機制です。自分にとって都合の悪い現実は、納得のいく理由をつけて正当化しがちです。

苦手な人に対したとき

責任転嫁をする

POINT うまくいかない原因を自分ではない外部の要因に押しつけることもあります。たとえば、苦手意識を持っている人がいるとき、「私が嫌っているんじゃなく、あの人が私を嫌っている」と思い込んだりします。

叶わない希望を満たしたいとき

他のもので埋め合わせる

POINT 満たされない欲求があるときに、それと似た別の要因に解決策を求めることもあるでしょう。家族を亡くした悲しみをペットに癒してもらう、スポーツができない人が勉強をがんばるなどの例があります。

ダイエットしたいとき

今までの生活を禁止しない

POINT 「◯◯しか食べない」「◯◯を食べない」など禁止のルールを作ると長続きしません。かえってその欲求が高まり、ストレスがたまってしまいます。絶食や断食は心理術的に見てもよいとはいえないのです。

食べる量を減らしたいとき

食べ物を遠ざける

POINT 身のまわりに食べ物があると、食べるつもりがなくてもついつい手が伸びてしまいます。まずは食べ物を買う量を減らす、食べ放題には行かない、食事の部屋と普段過ごす部屋を分けるといった、食べ物から遠ざかる工夫をしましょう。

大食いを防ぎたいとき

食事の前に運動する

POINT 食事の前に軽い運動をすると、食事の量も自然と減らすことができるでしょう。運動したあとには、運動で消費したカロリーを無駄にしたくないという心理が働き、不必要な大食いを防げるのです。

食べすぎたくないとき

食事に手間と時間をかける

POINT 食事を食べすぎないためには、食事全般の満足度を上げることが有効です。そのためには、自炊がよい手段でしょう。食事に手間をかけると、満足度が上がり、少量の食事で満足できるようになります。

リバウンドを避けたいとき

小さな変化を取り入れる

POINT いくら早く結果を出したくても、いきなり激しい運動をしたり、断食や絶食をしたりするのは好ましくありません。運動は10分から始める、食事を減らすならまずは1～2割減にする、などの小さな変化を積み重ねることで、リバウンドを防げます。

食欲を抑制したいとき

ストレスを溜めない

POINT 食欲を満たせないと、ストレスが溜まります。食事以外で、運動や外出、人との交流などストレスを発散できることを複数探しましょう。それらを組み合わせると、ストレスの原因をうまく排除できます。

過食や依存を避けたいとき

簡単に食べられるものを選ばない

POINT ダイエットが苦手な人は、簡単にすぐ食べられる、加工された食品を好む傾向があります。手間がかかる食品を選ぶと、過食や依存を防ぐことにつながります。たとえば、甘栗などは、殻が剥いてあるものよりも殻がついたものを選んでみましょう。

行動できなくなったとき

「もし○○さんだったら」と第三者視点で考えてみる

POINT 尊敬できる人や、いなければ想像上の人物でもかまわないので、「もし○○さんだったらどう考えるだろうか」「どう行動するだろうか」と客観的に考えてみましょう。冷静に判断してみることで、自分では思いつかなかった答えが出てくるかもしれません。

誰に相談したらいいのかわからないとき

あえて苦手な人に相談してみる

POINT 周囲に悩みを相談する人はいても、苦手な人にという人は多くないでしょう。しかし、反りが合わない人こそ、あなたを客観的に見てくれるよいアドバイザーになります。また、相談を通じて相手の優しさなどがわかり、関係が改善されるかもしれません。

気持ちを明るく前に向ける

自信をつける

自分自身に自信を持てない人も、心理術で自信を持てるようになります。ポジティブ思考に変身できるテクニックを知りましょう。

すぐに自信をつけたいとき

高級品を身につける

POINT 自分の内面を変えずに、自信をつける方法があります。それは身につけるものを変えること。洋服やアクセサリーなど、高級品を思い切って買って、身につけてみると「高級品を持っている自分」という自己評価を持つことができ、自信につながります。

自分を励ましたいとき

前にピンチに陥ったときのことを思い出す

POINT 「もうだめだ」と思ったときには、過去にあった困難な状況を思い出してみましょう。「あの大変なピンチも乗り切ったんだから」という気持ちになることで、目の前のピンチが小さく見えてきます。

ポジティブになりたいとき

自分を自分で褒めてあげる

POINT 自分のセルフイメージは、普段の思考に左右されます。ネガティブなことばかり考えていれば、自分という人間を価値が低いものと認識してしまいがちです。自分を褒めると、よいセルフイメージが築かれて自信を持つことができるでしょう。

無理にでも気持ちを高めたいとき

作り笑いをして脳をだます

POINT 笑いには力があります。人は「笑う」と副交感神経が働いてリラックスすることができるのです。これは作り笑いでも同じこと。自信を持ちたかったり、前向きになりたかったりするときこそ、口角を上げて作り笑いをしてみましょう。

失敗から立ち直りたいとき

失敗した原因を分析して失敗自体は忘れる

POINT 失敗をしたら、必ず原因を分析しましょう。原因を分析すると次の失敗を防ぐことができるようになります。また、失敗したこと自体は、原因が分析できたらすぐに忘れましょう。失敗を覚えていても、あとから嫌な思いをするだけです。

緊張を和らげたいとき

慣れている作業をする

POINT 緊張を感じたときは、毎日やっている簡単な作業をしてみましょう。ネクタイを締める、植物に水をあげる、掃除をするなど、なんでもかまいません。普段通りの行動には、心を落ち着かせる作用があります。

緊張したくないとき

緊張して当然だと受け入れる

POINT 緊張は「してはいけない」と思い込むと、余計に強くなってしまいます。そのため、「緊張して当然」「緊張しているけれども、楽しもう」と緊張を受け入れると、気持ちを切り替えることができます。

心を落ち着かせたいとき

落ち着いてゆっくりと声を出す

POINT 緊張を感じていると、ついつい声がうわずってしまいがちですが、落ち着いてゆっくりと話すことを心がけましょう。そのように話しているうちに、声に合わせて緊張も徐々に和らいでいきます。

失敗を恐れたくないとき

失敗したら、失敗談として ネタにしようと開き直る

POINT 失敗を恐れることも、緊張を強くしてしまう原因になります。失敗も時がたてば笑い話に変わるもの。「もし失敗しても話のネタにしよう」と割り切ってしまえば、気持ちが楽になり、自然体で話すことができるようになるでしょう。

リラックスしたいとき

「緊張しています」と カミングアウトする

POINT 人前でどうしても緊張するときには、正直に「緊張しています」と話してしまいましょう。相手の視線が和らぎ、自分自身もリラックスすることができます。また、最初に緊張を宣言することで、自分をよく見せようと気負わないでいられます。

ネガティブ思考をやめたいとき

ネガティブな考えをしてしまう ことを自覚する

POINT まずは、ネガティブな思考をしてしまいがちな自分のことを認めましょう。1回の失敗だけで「いつも失敗する」と考えてしまう、他人の気持ちはわからないのに「嫌われている」と思うなど、日常的に悪いほうへ考えてしまいがちなことを自覚します。

自らを鼓舞する儀式

モチベーションを高める

やるべきことがあるのに、なかなかやる気が出ないこともあるでしょう。そんなときは、心理術を使うと意欲的になることができます。

大事な仕事のとき

重要な会議、プレゼンなどでは赤色のアイテムを身につける

POINT 色は人の心理に影響を与えます。特に赤色は、力強さを感じさせる色。赤色を身につけている人は堂々として見えるというデータもあります。ネクタイを赤いものにするなど、服装に赤を取り入れると、やる気を増し、快活に行動できるようになります。

集中できないとき

ポジティブな言葉を口にする

POINT 集中力が切れたときには、どうしても「疲れた」「寝たい」などのネガティブな思考に陥りがちです。そんなときこそ、「やるぞ！」「やらなくては！」「必ずやり切るぞ」といったポジティブな言葉を口に出すことで、やる気を引き出しましょう。

モチベーションを保ちたいとき

目標は小さく、達成できそうなものを積み重ねる

POINT いきなり大きな目標を立ててしまうと、道のりが遠く見え、途方に暮れてしまいます。目標は「すぐにできそうでできない」くらいのものに設定し、少しずつ達成していくと、やる気が続いていつの間にか大きな目標も達成できるでしょう。

何としても達成したいとき

自分のためのご褒美を用意する

POINT モチベーションが下がってきたときほど、自分に厳しくするのはなかなか難しいものです。そこで、自分にもご褒美を与えてみましょう。「今日中にできたら、夕食は焼肉を食べる」など楽しみを用意しておくと、目標に向けて努力しやすくなります。

テンションを急に上げたいとき

浅く、速い呼吸をする

POINT 人は気持ちが停滞しているときほど、呼吸がゆっくりになり、興奮しているときほど、呼吸が浅く、速くなります。これを利用し、意図的に浅く速い呼吸をすると、一時的にやる気を出すことができます。

自分を追い込みたいとき

人前で目標を宣言する

POINT 目標を人前で宣言すると意識が変わり、自分を奮い立たせやる気にすることができます。宣言といっても、日記やSNSに書くだけでも大丈夫。前向きな言葉を自分自身の潜在意識に植えつけましょう。

やる気を継続させたいとき

あえて中途半端なところで作業を中断する

POINT 人は未完成のものに強い興味を抱きます。仕事においても、1日の終わりまでに全ての仕事を終わらせるのではなく、あえて少しだけやることを残しておくことで、翌朝すぐにやる気が出てきます。

やる気を出したいとき

「これさえあればやる気が出る」というものを常に持っておく

POINT 食べ物、音楽、本、ストレッチなど、なんでもかまいませんが、「これをすればやる気が出る」というものを見つけましょう。そして、常にそれを持ち歩き、やる気を出したいときに食べたり使えるようにしておくと、いつでもやる気を維持できます。

落ち込みたくないとき

否定形ではなく
肯定形の言葉を使う

POINT 人の思考は、使う言葉に左右されます。ポジティブになりたいなら、否定形ではなく、肯定形を使いましょう。締め切り前は「あと１週間しかない」ではなく「１週間もある」と言葉にすることで、自然とポジティブな心を持つことができます。

前向きになりたいとき

受動形ではなく能動形を使う

POINT 受動形とは、「○○された」というような受け身の言葉のことです。消極的な印象を与え、気持ちも沈んでしまいます。「恋人にフラれた」ではなく「恋人のために別れた」のように変換すれば、マイナスのことでも、前向きに考えられます。

気持ちを高めたいとき

上機嫌なふりをしていると
上機嫌になる

POINT 気持ちを高めたいときには「ふり」でもいいので、上機嫌な振る舞いをしてみましょう。「機嫌がいいときの自分」を思い出して、わざと笑ったり、表情を明るくすれば、気持ちがだんだん明るくなります。

リラックスする

緊張や不安などを感じて、リラックスできないときに使えるテクニックがあります。心が落ち着くと、行動にも余裕が生まれます。

緊張をほぐしたいとき

冷たいシャワーと温かいシャワーで自律神経を整える

POINT 毎日のシャワーでも心を鍛えることができます。冷たいシャワーと温かいシャワーを交互に浴びると、冷たいときの緊張感と、温かいときのリラックスした状態の感覚を体が覚え、重要な場面でも自然体で臨むことができるようになります。

心を落ち着かせたいとき

風や雨の音など自然の音を聞く

POINT 自然音には心をリラックスさせる効果があります。最近ではWebサイトやアプリでさまざまな自然音を聞くことができます。落ち着きたいときに聞いてみましょう。ちなみに、日本人は自然音を左脳で処理しますが、西洋の人は右脳で聞くようです。

不安を取り除きたいとき

鏡を見ながら自己暗示をかける

POINT 不安な気持ちになったり、プレッシャーを感じたりしたときには、鏡に向かって「自分はできる」「みんなから賞賛される」などと、なりたい姿を口にして自己暗示をかけましょう。成功すると思い込むことで気持ちがほぐれ、緊張が和らぐでしょう。

パニックに陥ったとき

体の力を抜き、リラックスする

POINT パニックになったとき、人は筋肉が硬直し心拍数が上がり、発汗します。そんなときこそ冷静に体の力を抜き、リラックスしましょう。そうすると脳が普段と同じ状況だと思い、落ち着くことができます。

大人数の前で話すとき

しっかり聞いてくれる１人に向けて話す

POINT 大勢に向けて話すときは、よくうなずいてしっかり話を聞いてくれる人を１人探してみましょう。その人に向けて話すようにすれば、自然と緊張も和らぎ、普段と同じ話し方をできるようになります。

自分の心を落ち着ける

幸福感を高める

お金や人間関係では困りごとがつきものですが、考え方次第で幸福にも不幸にもなるものです。幸せを感じられる心を持ちましょう。

お金との付き合い方

「お金がある＝幸せ」と思わない

POINT 多額のお金を得て、幸福感を味わったとしても、そのうちその状態に慣れてしまいます。ある程度のお金を手に入れると、幸福感は徐々に薄くなると言われているのです。お金があれば幸せ、という価値観から離れたほうが幸福感は高まるでしょう。

お金の生かし方

人のためになることにお金を使う

POINT 自分のためにお金を使うことよりも、人のためになることに使うほうが幸福感は高まります。これは、お金以外のことについても言えることです。人のために親切な行為をすると、相手だけでなく親切にした本人も幸福になるのです。

理想のパートナー像を考える

理想を高く持ちすぎない

POINT 理想を高く持ちすぎる人よりも、楽観的な人のほうが幸福感が高い傾向があります。自分が感じている停滞感は、理想が高すぎることが原因かもしれません。理想を追うのではなく、今持っている小さな幸せに目を向けてみましょう。

パートナーとケンカしたとき

ケンカのあとにセックスをする

POINT ある調査によると、性行為の回数から口論の回数を引いた数が多いほど、夫婦の幸福感が高まると言われています。つまり、マイナス行為（ケンカ）の回数を上回るプラス行為（性行為）をすることで、2人の幸福感を高めることができるのです。

幸せに近づく考え方

自分は幸せだ、と言い聞かせる

POINT 「自分は幸せだ」と思っている人は、平均で9.4年も寿命が延びるという調査結果があります。体の健康や環境だけでなく、普段から自分は幸せだと思うことが、よい人生を送るために重要なのです。

もっと知りたい『心理法則』

Part 5

第５章で紹介した心理テクニックの裏付けとなる心理法則を紹介していきます。心理法則を理解することで、心理術の効果も十分に発揮されます。

アンガーマネジメント

怒りのコントロール法のこと。アンガーは「怒り」、マネジメントは「管理」という意味。怒りを、ネガティブな感情である「第一次感情」と、そこから発生する「第二次感情」に分け、イライラとした感情に振り回されないようにするための心理プログラム。

参照ページ→P.168

ペルソナ・ペインティング

「ペルソナ」とは、人前に見せている自分のこと。「ペルソナ・ペインティング」とは、普段の自分のペルソナとは別の人格を演じ、平常心を保つこと。人は仕事中や友人との会話時など、それぞれの場面で人格を使い分けて生活している。

参照ページ→P.169

アンカリング

ある情報（アンカー）によって、それに対応する精神状態などが意図的に呼び起こされ、行動や判断に影響を及ぼす効果。幸せな気分になる行動を取ると、自然と幸せな気分を味わえる。「うれしい」「楽しい」などの言葉を発すると、気分が晴れることも。

参照ページ→P.171

カタルシス効果

感情はアウトプットすると忘れやすくなるという効果。モヤモヤした感情を口に出したり、紙に書いたりすることでストレスを解消できる。映画や音楽の鑑賞も同様の効果があり、抱えている感情に同調するような内容の場合に元気が出たりする。

参照ページ→P.172

合理化

不幸な出来事や失敗など、都合の悪い出来事に対して、体調や周囲の環境など、さまざまな納得のいく理由をつけて正当化すること。言い訳のように使われるだけでなく、「失敗したが何とかなる」のようにポジティブ思考へ変換するためにも使用される。

参照ページ→P.173

拡張自我

「自我」とは、自分の内面を指す言葉。拡張自我は自分の内面だけでなく、学歴や家柄、身につける服やアクセサリーなども自分と捉えること。ブランド品を身につけるだけで自己肯定感を高めることができる一方、偽物を身につけると嘘をつきやすくなることも。

参照ページ→P.180

ハウリング効果

ハウリングとは、マイクがスピーカーの音を拾うことで「キーン」と鳴る現象。ハウリング効果は、過去の失敗体験に似た状況下で、「失敗してはいけない」「でも今回もまた失敗してしまうかも」という思いがハウリングを起こし、増長される心理のこと。

参照ページ→P.181

公表効果

口にする言葉と気持ちが関係している現象。ネガティブなことを言うとネガティブな気持ちになり、ポジティブなことを言うと、ポジティブな気持ちになる。また、自分の夢を周囲に公表することで、発言に責任を取ろうと努力し、実現できる可能性が高まることも。

参照ページ→P.183

マイルストーン効果

初めから大きな目標を立てると、それに向かって努力してもなかなか結果は出にくいうえに、モチベーションが下がってしまう。マイルストーン（小目標）を設けることで、達成感を味わうことができて、モチベーションの維持へつなげられる、という効果。

参照ページ→ P.185

アファメーション

自分の前向きな信念や目標を外部に宣言すること。「私は幸せで、大切な人に愛されています」といった、ポジティブで具体的な目標を唱えたり書いたりし、それに向かって努力することで「なりたい自分」へと近づいていくことができるという考え方。

参照ページ→ P.186

プラシーボ効果

効果のない薬でも本物だと信じ込ませることで、実際に何らかの効果が出たりすること。「偽薬効果」とも呼ばれる。もともとは医学用語だが、ビジネスや恋愛など、さまざまな場面でも使用されるようになった。ネガティブな思い込みにも有効なため、要注意。

参照ページ→ P.187

おわりに

本書で紙幅を割いた心理術とは何でしょう。

定義は難しいですが、何気ない行動やしぐさから相手の本心や真意を探る「学問」です。これは行動心理学と呼ばれ、アメリカの心理学者ジョン・ワトソンが1913年に提唱しました。

行動心理学が注目するのは、外から観察できる行動です。本来、行動心理学とは、あるアクションがその人の深層心理にまで影響することを研究するのですが、ちょっとしたしぐさやアクションから浮かび上がる心理や心象も読み取れるのです。

心理術を手がかりに、人のちょっとした「動き」から、心の中を分析できます。たいていの行動には、心理的な「裏づけ」があると意識するだけで、人間関係にまつわる悩みも解消できるはずです。人間の「動き」というのは、無意識であっても、いや無意識だからこそ、「裏づけ」があるのです。

ビジネスなど、相手の真意を読み取りたいことはよくあります。あとひと押しすれば契約が取れるのか、それとも深追いせずに撤退したほうがよいのか……。その判断を「長年の勘」に頼ることほどリスキーなことはありません。たとえ小さくてもよいから根拠が欲しいものです。そのきっかけになるのが行動心理学、つまり心理術と言えるでしょう。

忘れないでほしいのは、心理術を身につけたからといって、「人を操り人形できるわけではないということです。人間の心の中がすべてわかるわけではないのです。

しかし、心理術の効果を理解したうえで、ビジネスや恋愛のシーンに応用すれば、それを身につける前よりも、自分の思いを実現する可能性は高くなることでしょう。

ビジネスや恋愛以外のことでも、「どこか空回りしているな」とか「もうちょっと何とかならないかな」と思っているなら、ぜひ本書で紹介しているテクニックを使ってみてください。

西島秀穂

西島秀穂（にしじま・ひでほ）

1973年生まれ。埼玉県出身。心理研究家。
大学卒業後、中堅マーケティングリサーチ会社に勤務しながら、心理術の研究を始める。40歳で独立。現在は心理術のビジネス利用をメインに個人コンサルティング事業を展開している。「即効性」「日常への取り入れやすさ」に定評がある。

新人からベテランまで使える
大人のための心理術の使い方BOOK

2022年2月17日　初版発行

著　者　西島秀穂
発行者　野村直克
発行所　総合法令出版株式会社
〒103-0001 東京都中央区日本橋小伝馬町15-18
EDGE小伝馬町ビル9階
電話　03-5623-5121
印刷・製本　中央精版印刷株式会社

落丁・乱丁本はお取替えいたします。

ISBN 978-4-86280-837-0
総合法令出版ホームページ　http://www.horei.com/